管理越简单越好②(升级版)
Simple Management Is More

慕小四

管理越简单越好 ❷（升级版）

高层管理者　做正确的事

中层管理者　正确地做事

执行层人员　把事做正确

管理

越简单越好

2
（升级版）

慕小刚◎著

企业管理出版社

EMPH ENTERPRISE MANAGEMENT PUBLISHING HOUSE

图书在版编目（CIP）数据

管理越简单越好：升级版 . 2 / 慕小刚著 . —— 北京：企业管理出版社 , 2016.2

ISBN 978-7-5164-1199-5

Ⅰ . ①管… Ⅱ . ①慕… Ⅲ . ①管理学 – 通俗读物 Ⅳ . ① C93–49

中国版本图书馆 CIP 数据核字 (2016) 第 020818 号

书　　名 :	管理越简单越好：升级版 . 2
作　　者 :	慕小刚
责任编辑 :	徐金凤　田天
书　　号 :	ISBN 978-7-5164-1199-5
出版发行 :	企业管理出版社
地　　址 :	北京市海淀区紫竹院南路 17 号　　邮编 :100048
网　　址 :	http://www.emph.cn
电　　话 :	总编室（010）68701719 发行部（010）68701816 编辑部（010）68701408
电子邮箱 :	80147@sina.com
印　　刷 :	北京时捷印刷有限公司
经　　销 :	新华书店
规　　格 :	170 毫米 ×240 毫米　16 开本　17.5 印张　260 千字
版　　次 :	2016 年 2 月第 1 版　2016 年 2 月第 1 次印刷
定　　价 :	38.00 元

把复杂的管理简单化，这是一门艺术。管理者必须开动脑筋，努力寻找更简单的方法。只有这样你才能快刀斩乱麻，不至于淹没于"剪不断，理还乱"的复杂表象之中。

作为一名管理者，在具体工作中，面对繁冗艰巨的工作任务，你必须学会分清工作的主次：首先把那些无关紧要的放到一边，接着再排除那些对当前没有意义的工作，全部精力集中于重大事务之上。

管理大师杰克·韦尔奇对管理的理解是"越少越好"。他对"管理者"重新进行了定义：过去的管理者是"经理"，表现为控制者、干预者、约束者和阻挡者。现在的管理者应该是"领导"，表现为解放者、协助者、激励者和教导者。韦尔奇的"不去管理"，并非认为管理者可以自由放任，而是强调不要陷入过度的管理之中。

在经营管理中过度的规范与复杂必然使企业的各项活动变得迟缓。管理不需要太复杂，因为经营活动实际上没有像人们想象的那么复杂。韦尔奇说过，经营一个成功企业的秘诀在于：相信自己的领导，并且相信他们的分析与判断。如果领导充分了解情况，那么企业就会在某些问题上达成共识。

前言 Preface

　　企业的竞争集中体现在人力资源的配置上，而配置的优化需要企业的组织结构来实现。某些企业的人才并不少，但却受制于复杂的管理结构中。管理层次太多、效率低下的缺点抵消了人才优势。一些企业特别是一些大企业管理层次过多，管理中心下达的指令必须经过许多层次的接转才能到达生产或业务现场，并且在信息传递的过程中，产生误差的几率增加，经常出现信息失真现象。这就要求企业在必要的时候，要懂得轻装上阵。

　　本书从管理者的角度出发，引用管理大师丰富的管理理论，列举了大量的事例，深刻地阐述了"管理越简单越好"的道理，相信对广大管理者会大有裨益。

目录
CONTENTS

第三章　管理不是为了管人，而是为了做事

第四章　狮子率领的羊群能打败绵羊率领的群狮

第五章　我们只需要结果

第六章　从管理者升级到领导者

第七章　放开员工的手脚，束缚自己的权欲

Simple

第一章

管理得越少，管理得越好

MANAGEMENT IS MORE

管理没有天才，人人都可学会

> 没有一个有效管理者是天生的，他们之所以有效只是由于在实践中学会了一些有效的管理习惯。
>
> ——彼得·杜拉克

假如有效性像音乐天赋和艺术天赋一样，也是人类的一种天赋，那可能就很少有成功的管理者。有效性是一种后天的习惯，是一种实务的综合。那么这种后天的习惯，也就是说是可以养成的，但是必须靠学习才能获得。我们不能否认人与人之间的差别，但每个正常人之间并没有太多的不同。天才是极少的，也就是说有效管理是大多数人可以学会的。

现代管理之父彼得·杜拉克曾认识许多有效的管理者，并一直关注他们。那么他们有哪些异同呢？结果发现他们能力不同、脾气不同、性格不同；所做的事不同，做事的方法、原则不同；他们的个性、志趣和知识深度也不尽相同。但他们都有一个共同点：人人都具有做"对的事情"的能力，都有能发挥有效性的共同习惯。反之，一个人如果没有这种习惯，则无论他有多大的智慧、付出多大的努力、拥有多出色的想象力和多丰富的知识，他必是一位缺乏有效性的管理者。

管理没有天才，杜拉克的工作中也遇到过各种问题。他不断地从问题中总结经验以警示后人。

在1944年—1945年期间，杜拉克接到第一个大型咨询项目——研究通用汽车公司的最高管理层。第二次世界大战以后，通用汽车的变革已迫在眉睫，杜拉克的任务就是向公司提出变革方案。经过大量调查后，他写下了题为《公司的概念》的咨询报告，这部作品阐述了通用汽车公司在组织管理上的独到之处，也毫不客气地总结了通用汽车公司在管理上存在的四大问题。结果整个通用汽车公司的管理层都对杜拉克相当不满意：劳动关系部门的人说他们不喜欢这一条，他就把这一条删掉了；通用所属雪佛兰公司的人说他们不喜欢那一条，他又放弃了那个建议……又有设计部门的人员明确告诉他，他们坚持对汽车采取统一的设计，使人们一看就知道这车来自"通用汽车大家庭"。虽然在市场调查中杜拉克发现美国公众对统一的设计风格并不欢迎，但最后他还是把这一条建议改得模棱两可。

所有的人都看出来杜拉克是在玩文字游戏。他没能说服劳动关系部门、雪佛兰公司、设计部门等改变想法，而他们当中也没有人支持杜拉克，甚至连通用公司老总斯隆先生更是在任何场合都不提及这本与他的命运息息相关的报告，从而导致了这次变革的彻底失败。最终杜拉克的咨询报告，也没有起到预期的效果。

杜拉克在通用汽车公司的失败案例告诉我们，尽管他的管理思想先进，但却仍然存在着是否适合企业内部的实际情况，以及企业是否愿意接纳这些思想的问题。事实上，在这些先进的思想中，无论是真正实现"自我管理"，还是有效实施"目标管理"，其中有一个最重要的前提——就是公司员工应该是"知识工人"，而真正意义的"知识工人"，追求"自我实现"是其必然的追求目标。

从那以后，杜拉克在做决策的时候，再也不会被那些"谁会不同意这个方案"或者"这个方案谁会满意"之类的问题所困扰，他首先会想好什么是正确的决策。

杜拉克被誉为现代管理之父，它在管理方面具有相当高的水平，但他的管理思想在通用汽车公司也经历了失败。这更进一步证实了他自己的思想：管理没有天才，他们之所以有效，只是由于在实践中学会了一些有效的管理习惯。

杜拉克的思想不仅影响着企业界，也影响着学术界，甚至是所有人。

不仅在企业管理上没有天才，扩及到人的一生当中，无论是学习还是搞文学创作，无论是搞科研还是进行经营管理，或者从事其他的任何职业，任何领域里都没有天才。

杜拉克被称为大师中的大师，不仅因为他是现代管理学的奠基人，更重要的是：他使企业家们从中受益，走向成功。杜拉克系统管理思想的科学性已经被世界各国企业领导人的成功实践所验证。甚至人们所推崇的杰克·韦尔奇、比尔·盖茨、李嘉诚和张瑞敏等，他们都深受杜拉克思想的影响。太多企业家都将他们企业管理的成功决策归功于学习了杜拉克的思想。

"天才"与"庸才"的关系是双向的，它们可以互相转换。换而言之，"庸才"通过正确的方法不断地练习，最终将成为"天才"；而那些"天才"如果沾沾自喜，不知进取的话，也一定将会变成"庸才"。

每一位成功的管理者都在不停地学习管理。由此可见，即使人与人之间有某些不同，也只是努力的多与少的区别，少有天才存在；同时也说明，只要不断地努力学习，就一定会成为有效的管理者。

管理实践

管理是可以学会的，但是管理没有固定的模式。随着时间的变化、环境的变化以及人员的变更，理论也并非放之四海而皆准。"昨天的失败不等于今天的失败，昨天的成功也不等于今天的成功"。所以既要学习管理，又不可照搬，这是大师的忠告。

不要侵入他人"领地"

人最基本的"领土"意识就是对家庭的保护。若有人未经同意闯入他人家里，轻者遭责骂，重者恐怕要遭一顿追打。不过会犯这种错误的人不多，倒是很多人在办公室内忽略了这点。

在办公室里侵犯别人"领土范围"的方式有：未经同意就坐在同事的椅子上，无故坐在管理者的办公室里，以及到其他的部门聊天等。

你不要以为这没什么，事实上，你的举动已经侵犯到了别人的"领土"，使对方感到不快。所以，别人工作的地方，不到必要时，请不要随便靠近。

不要闲着没事就到别的部门去聊天，这会给那个部门的管理者造成一种被"侵犯领土"的不安全感，就算你是纯属聊天也不行，因为在那个部门里，他是唯一的权力象征，你无缘无故地出现，就好像要与他争夺权力似的。当然，谈公事时例外，但应只限于管理者和管理者之间的接触，不要随意去接触他的下属。

如果你下面有几个部门，你就要尊重部门中的每个管理者，不要以为你是大管理者，就可以常到其他部门去聊天，偶尔为之无妨，长期如此，那么小管理者心里就会不舒服了，进而为今后工作的顺利进行埋下种种隐患。这样一种"越俎代庖"的管理方式，干预了正常的上下级关系，插手别人的工作流程，影响别人的工作方式，实际上就是一种"越权"。

喜欢"越权"的管理者，总是过分欣赏自己的才干，并为"越权"的结果备感欣慰。认为虽然自己辛苦一些，但事情办得快，办得好，不耽误事。然而，他没有看到"越权"的危害。"越权"的危害集中表现在以下几个方面。

（1）妨碍正常的工作秩序。

每一个工作程序都有自己合理的流程和安排，它们有规律地运行，这是一种系统工程。如果管理者对下级"越权"，对工作横加干预，或有意无意地过问、插手、表态，这就打乱了下级的正常工作秩序，使下属无所适从。

（2）不利于调动下属的积极性。

"越权"行为，从另一方面显示了你作为领导对下属的不信任，使员工形成惰性思维，认为什么事情都有你出头，由你的意愿去指挥工作的进度和规律。这样，下属就没有什么积极性、主动性、创造性可言了。影响下属积极性，同时也就影响了人才的锻炼和成长。

（3）不利于团结。

对下"越权"，使下属有职无权，下级会产生"上级领导对自己不信任，不重用"的疑虑，伤害了下属的自尊心，使其加深了与上级的隔阂；群众也会产生反感的抱怨情绪，不服从管理。如果是下级对上级"越权"，就会有目无尊长、不自量力之嫌。这些都是影响工作和团结的因素。所以说，"越权"行为是令人反感同时又破坏团结的。

那么，管理者如何防止"越权"呢？

（1）明确职责范围。

权力是与职务、责任密切相关的。职务，是管理者一定的职位和由此产生的职能；责任，是行使权力所需要承担的后果。有多么大的职务，就有多么大的权力，就承担多么大的责任。职、权、责一致是领导工作的一个重要原则。"有职无权"，是被人"越权"；"有权无职"，是侵越了别人的权力。"越权"是"有权无责"，被"越权"是"有责无权"。因此，只有职、权、责相统一，才能防止"越权"现象。这就必须明确职责范围。

（2）进行一级抓一级的教育。

除了对下属明确职、权、责的范围外，还要对下属进行分级领导原则的教育。在一般的管理阶层中，分级领导就是分层领导。任何事物都是作为一个系统而存在，都有层次结构，它的发展变化都是有规律的，系统之间能否有效地运转，是由层次结构决定的，同一层次的诸系统的联系，须由各级系统之间自主地进行。只有在发生障碍、产生矛盾、出现不协调时，才提交上一层次的系统解决。这是分级领导的理论依据。

根据这一原则，下属要认真地做好本层次的工作，对上级领导负责，执行上级的指示，接受上级的指导和监督，经常主动地请示汇报工作，积极完成上级领导交给的一切任务。

对下属的"越权"，尤其是对无意的"越权"，应提高到一定高度来认识。这样，下属对自己的"越权"才会引起警觉。

（3）上级为下属排忧解难。

管理者在决策的基础上，在给下级部署任务、提出要求的同时，要深入基层，为下属完成任务创造必要的条件。上级要为下属服务，支持、鼓励、指导、帮助下属，关心、爱护下属，为下属排忧解难，及时帮助他们解决工作中遇到的难题。这样，也可以防止或减少下属由于来不及请示而出现的"越权"现象。如果不深入下属之中，不接近群众，高高在上，门难进、脸难看、事难商量，就会助长下属"先斩后奏""干了再说"的"越权"行为。

管理者要掌握纠正"越权"的方法与艺术。一旦发现下属有"越权"行为，要积极慎重地根据不同情况，采取不同方法加以纠正。

（1）功过分开谈论。

对下属的"越权"行为，不能一概而论。有的下级"越权"，是为了响应上级的号召。这是和他有较强的事业心、责任感，工作有积极性、主动性等优点相联系的。和他越权的行为相比，这种"越权"的动机是难能可贵的。现代企业中的很多员工，抱着"息事宁人"的处世哲学，得过且过，分内的事都不去干，有何劲头去"越权"？对于出于有利动机的"越权"的下级，应该先表扬后批评，肯定其有利的一面，同时指出"越权"的危害，以"越权"的具体行为，指出不"越权"而又能把事情完成好的方法。这样，下属才能认为领导者是公正、体贴、实事求是的，才能在以后的工作中扬长避短。

（2）维持现状，因势利导。

管理者对下属的"越权"所产生的不好影响以及可能带来的危害，也要做具体研究。有时，下属"越权"的行为以及带来的影响，可能和主管领导的思路、决策大相径庭，但有的地方可能做得更漂亮，影响甚至超出了自己的决策。这样自然要维持下去。有时下属的"越权"行为与管理者的正确决策有一定差距，在一定程度上，有某些损失，但仍是正面效应，无损大局。这样的情况也要维持现状，继续下去。在进行过程中，要尊重下属的思想，循循善诱，晓之以理，动之以情。使其向好的方向发展。

（3）纠正错误，亡羊补牢。

下级"越权"，有时可能从酝酿的那一刻起，就是错误的思想，以致将要产生或产生了不好的效应。这时，管理者就要根据情况予以补救，"亡羊补牢"，力争把损失减少到最低限度，并教育下属其中的利害冲突，避免下次情况的发生。

管理实践

管理者不要超越自己的权限。这主要指两个方面的权限：第一，不要对不是自己的下属下命令。每个员工都有自己的直接上级，你如果不是他的直接上级，就不应该直接给他下命令。如果你确实需要该员工做一些工作，可以去找他的直接上级，通过直接上级来给他下命令。第二，不要对部门职责以外的事情下命令。每个部门都有自己的工作职责，你不应该命令自己的下属去做其他部门职责中的事情。逾越了这个界限，会给公司的整个管理带来混乱，甚至会引发部门与部门之间、下属和上级之间的矛盾冲突。

不该管的事让别人去管

> 管理越少，公司越好。
>
> ——杰克·韦尔奇

古往今来，许多出色的管理者都是大权独揽，小权分散。用一句通俗的话说就是："该管的管，不该管的就让别人去管。"

有些公司，管理者在时，大家就很努力；管理者不在时，这些人立刻精神懒散，什么工作都停滞不前。在这种环境下，团体的力量就无法发挥。

一个管理者即使再能干，也只能做有限的工作。所以，聪明的管理者应该尽量将工作做适当的分配，这样一来，即使他不在公司，工作也能顺利进行。

此外，要先让每个人都了解自己的工作。如果故意将事情复杂化，就会出现很多问题。这种管理者或许是不放心把事情交给别人做，害怕这么一来，无形中自我存在的价值就变小了。

其实，管理者把事情交给下属，并不表示责任没有了，他还是要时常注意工作进展的。管理者将一些简单的工作交由下属处理，自己则必须在思考新企划方案、改善现状方面下功夫，也就是说，要做一些"计划性"的工作。如果管理者整天忙于事务性工作，那无法集中精力通观全局，从而导致团体效率低下。所以，担任管理者的第一步就是必须先做整体考虑，然后再采取相应对策。

某建设公司的营业科长谭先生，桌上有着堆积如山的文件，常常被工作压得透不过气来。在参加管理者教育培训后，谭先生学会了分析工作上的问题，回到工作岗位后，就马上着手重新分配工作。首先，把那些处理不完的文件为下属做个说明，经由他的说明后，每位下属都能愉快胜任。

谭先生的桌上不再有堆积如山的文件了。不仅科内的工作进行得很顺利，还得到很好的评价，说他处理事情比以前更有效率。当然，这样谭先生就有充裕的时间，再去做新计划的拓展了。

所以，管理者只有将工作分配好，并向部属说明要求，自己才能有充裕的时间全力策划新工作。

商人在经商的过程中也应如此，若是事无巨细，大包大揽，不仅使自己疲于奔命，而且也不会收到好的效果。

可见，管理者把任何事情都揽在自己身上，不仅终日忙碌不堪，还会严重挫伤下属的工作热情："我们既然都是些无用之辈，就由他一个人干好了。"下属在这种思想影响下，就会消极被动地去工作，有些事本来能做好，也可能因缺乏积极性与主动性而办得很糟。

日本松下公司从1971年—1972年，出现了一个新的趋势，就是在市场、资源和劳力等三方面最有效的国家和地区创办工厂。松下倡议在马来西亚生产空调机，然后输入日本。开始松下公司的一些职员对此举不大理解，认为这样做似乎对日本不利。当时任公司空调机事业部出口科科长的国水昌彦说："那时日本松下一年出口2万台空调机，再在马来西亚建立年产10万台的空调机工厂，并且要求其中90%出口到包括日本在内的世界各国，对此，我们非常吃惊。但当地劳动力便宜，结果还不错，在质量上完全可以与日本媲美。"

松下在马来西亚建立空调机厂，利用当地大量而便宜的劳动力资源，他还让当地人担任该子公司领导。松下坚持认为："在那里担任松下电器领导的应该是生长在那片土地上，并受到当地人尊敬的人。"为此，在工厂开办的第四个年头，他精心挑选当地人沙亚尔为管理者。沙亚尔是当地电力公司总经理、王族成员。松下授予国外各区域性子公司负责人以经理权、人事权。这样的举措既促进了当地经济技术力量的发展，也因增加了当地的就业和税收而能得到当地政府和百姓的支持，并使松下电器产品的生产成本更低，在世界市场上更具有竞争力。真是双方受益。

只有善于使用分权术的领导，才能腾出时间和精力去管全局、抓大事，才能创造出最佳的业绩。当然，如何授权也是很有讲究的。要根据下属的品德和才能去授权，不要只给下属一些鸡毛蒜皮的小权；要明确所授权限的范围，不要把授权当作推卸责任的"挡箭牌"；要定事定时授权，不可越级授权等。这一谋略不仅是所有管理者必须掌握和运用的，也是所有从事商业经营的人必须从中悟出的经验。

管理实践

一个优秀的管理者，就是一艘船的舵手和风帆，应该有运筹帷幄、决胜千里的大将风范。如果为了一些琐碎小事而影响了整个团队的前进，实在是有些得不偿失了。老子讲究"无为而治"，管理活动中的"无为而治"可以理解为管理者放权给下属，解放自己的精力和时间，不该管的事别管，去做一个决策者应该做的事情。这才是领导者的最高境界。

不要介入派别之争

> 一个老练的企业负责人在危险发生之前都有预感，老早就懂得远离危险地带。
>
> ——南川和雄

企业的发展壮大和持续稳定的进步，需要的是企业上下齐心协力，才能有足够的力量和能力面对残酷的竞争。但是，无论企业的规章制度如何规范，物质报酬如何丰厚，在企业内部还是会产生一些小团体和小帮派。如果这些小团体和小帮派和企业大方向的思想不统一、利益不一致，就有可能危害企业的发展，甚至是生存。

企业是以人和利益为基础的，只要有人和利益，就一定会存在争执和分歧。因此，帮派和一些团体的产生，也就不足为奇了。帮派的组织总是多样化的，人多嘴杂，搬弄是非，进而产生利益冲突。它们要么有着和企业不同的价值取向，要么就是彼此之间存在某种潜在的利益牵连。如今，小帮派和小团体在各个企业都或多或少的存在。

产生帮派的原因有很多，总结起来可以分为以下几种。

（1）因为公司管理者和分工形成的帮派。

这是最主要的原因：一些人为了维护自己的利益和地位，为了获得职位的升迁，采取拉拢管理者和下属的办法，形成了帮派。产生这种帮派，是由于企业的管理松懈，以及公司内部的权、利、责出现了失衡。例如一些管理者偏爱自己比较喜欢的员工，而对其他员工则关注不够，导致他们滋生消极情绪，产生抵触态度，很容易形成小团体，来弥补在上级那里得不到的关心和共鸣。

（2）公司的奖惩措施不严密。

公司的激励体制没有做到客观公正，赏罚不分明，或者因为上级的奖励承诺没有兑现等，这会影响到员工的工作态度，于是有怨气的员工都会聚集在一起，互吐苦水，从而形成帮派，在背后诋毁公司的信誉或者对上级说三道四。

（3）领导者的个人问题。

由于个别领导的性格和习惯差异，导致员工在工作中对领导产生不满情绪，却无处发泄。于是，一些有共同感受的员工就凑在一起，形成小团体。

（3）少数员工的习性问题。

有些员工好奇心较强，工作时他们探听小道消息，编造八卦新闻来吸引别人的注意；或者对同事的行为指手画脚；或者干涉别人的工作，这些人的存在很容易使大家关系分化，形成帮派。

（4）其他特殊原因。

比如有些员工可能是同乡、朋友以及亲戚关系等。产生这种帮派是由于企业在人力资源引进和管理方面的政策问题，这样的人存在对于企业来说或好或坏，好的一方面是，他们在一起工作有默契，不会计较分配不均。不好的是这些人的存在总是让其他员工在处理工作的时候难免要考虑几方的利益关系，或者因为他们之间互相袒护、互相照顾等，影响了工作的氛围。

内部帮派对企业带来的积极的一面是：不管什么帮派，都有其存在的理由和条件，很多情况下，他们和企业的战略目标及大局利益是一致的，否则，他们不可能存在。从这个角度来说，合理的帮派之间的竞争能够帮助企业维持稳定。

管理者的艺术，在这里要体现的就是一种均衡的牵制，从而实现权力之间的制衡。

内部帮派给企业带来的负面影响是：运作效率低下，企业要花费部分精力来调和各帮派之间的矛盾。因为有帮派，每个派系都有自己的核心群体，不同派系的人员之间很难达到一个团结默契的局面。

人与人之间的关系，本来就是十分微妙的，尤其是在有利害冲突的同事之间，很容易发生纷争。

同事之间可能为了争权夺利而明争暗斗。如果管理者能够巧妙地加以利用和操纵，以"和事佬"的身份出现，便可收到意想不到的效果。一位能够控制住局势的管理者，总是善于在派系林立、矛盾纷争的局面中寻求平衡，调解矛盾、化解矛盾，以利于工作的开展。

管理者之间，大部分都是亦敌亦友，无论他们的私交如何。今天，某甲跟某乙是最佳搭档，在办公室里成了"铁哥们"，很有可能几天后，由于某种利益关系，两人分道扬镳。

"势力"这一字眼，并不新鲜，也非危言耸听。任何部门、任何单位的管理者，事实上无时无刻都面临着这样的问题：怎样能巧妙地处理好与各种"势力"之间的关系？这就需要管理者发挥其精明的一面："旁观者清"。

管理实践

屈原有句名言："举世混浊而我独清，众人皆醉而我独醒。"这句话放在今天的管理学上也同样适用。一个管理者，要想取得成功，必须要正确处理好与各方面的关系。

企业管理必须简单

最简单的也就是最好的。简单是一场信息革命，其任务是使复杂的事情简单明了，创造适当的指令。

——彼得·杜拉克

人的理想具有多面性。然而，人不可能什么都精通，所以在各方面的能力有弱有强；而且人的精力也有限，不可能一心多用，同时做很多事。因此，在企业管理中，希望达到什么效果是一回事，能做到什么程度又是另一回事。企业如果想在竞争中获得生存和发展的机会，最好的办法就是充分利用和发挥自己的资源、能力优势，做最擅长的事。要想变复杂为简单，就要大胆取舍，这是简洁化的成功法则。

简单体现在产品生产和研发上面，就是要替消费者着想，现代营销理念是以市场为导向的，而消费者最看重的就是实用。所以要求产品的功能和技术设计更集中突出，使用尽量简单化。

杜拉克说："许多人认为，变复杂为简单仅仅意味着把信息扔给别人，但这样做往往使问题复杂化。"宝洁的管理层清楚地认识到这一点，他们提出了这样的问题：这个世界需要30余种海飞丝洗发水吗？需要50多种佳洁士吗？"多年来我们给消费者制造了这么多困难，这是多么让人震惊！"宝洁总裁达克·贾格尔曾经这样说。

找到了问题原因的所在，宝洁公司采用了简单的战略，废除了近30种促销形式，也削减了边缘品牌，减少了产品线并且控制推出新产品。仅仅头发护理业务一项，宝洁公司就削减了一半品种，盈利却增加了5%。

有这样一种说法：一流企业靠什么？答案就是做标准。其实所谓的标准就是简单化。大凡赚钱的企业都是很简单的。比如说可口可乐、百事可乐，它们走的就是简洁化的路子。他们在世界各地建厂，用相同的瓶子装相同的饮料；销售商用同样的营销模式。再比如说麦当劳、肯德基，同样是简洁化的典型。它们在世界各地的连锁店经营模式完全一样，而且将连锁店的经营权完全交给了加盟商；这是一个"放之四海而皆准"的模式。其实很简单，简单却不能简省。

杜拉克指出："事情本来再简单不过，它们往往不会比造火箭更难。"不论多么复杂的尖端技术，在工厂里都是被分解成简单的标准化操作的环节，然后由一些普通的工人操作。再宏伟的建筑，都是建筑工人一砖一瓦建起来的。如果企业的每一个普通员工都要高科技人才，那企业得开什么样的工资？这样的产品成本将会有多高？那么还有多少人消费得起？

大多数企业在消费者心目中只拥有一个概念。比如：百事可乐只有饮料这一概念，丰田公司只有汽车这一概念，微软只有软件这一概念，新浪只有网络这一概念，海尔只有家电这一概念。成功的公司或品牌都力求简单，只有这样才能成功。

简单管理就是在看似毫无头绪的事物面前，要有决然的姿态，舍弃一些东西，使管理变得简单却又有效率，核心就是在企业中形成一种自然秩序。自然秩序的运转必须有一定生存条件，有一定规则。企业管理运作需要形成规范的形式，逐步演变成每个人自然的思维方式，这样组织的运行效率才是最高的，效果也是最好的。任何一个企业或集体，都围绕核心做一件事，知道各个环节上应该做什么、做到什么程度。这样，企业的自然秩序就形成了。这种秩序的好处关键在于每个员工都知道了自己的位子，知道哪个环节应该做什么，知道什么条件下我能做什么，用不着别人去告诉他。这种管理就比较简单高效，这样就形成了一种自然秩序。

要做到简单管理，你首先要有善于将复杂问题简单化的能力，换个说法就是要有准确捕捉问题实质的能力。这需要你寻找管理的本质和规律，抓住企业生存、发展的要件。其次要求企业自上而下的所有员工，都必须知道自己什么时候该做什么。建立并维护企业自然秩序的运转就是高级管理者的职责，把岗位上的事做到最好就是员工的任务，每个人都有非常明确的目标和做事的标准。这才是企业的简单管理。

作为一名管理者，你可能对好多事情都不知道该如何去做，也并不意味着你要去做所有的事。你需要做的就是挑选出最优秀的人才，然后授权给组织中的每一个人，给他们提供充足的装备和支持，还要经常提醒大家什么是重点，并且开创一种大家能够认同的环境。如此而已，这就是你的全部工作。只有这样，才能达到预期的简单，企业管理力求的简单，卓越的简单，而不是一种散漫的简单。

管理实践

作为一名管理者，为了实现成功管理，在你做任何事之前，请树立这样一个信念：管理越简单越好。简单管理就是要简化组织形式，就是要把复杂问题简单处理，就是要运用简单的技巧，发掘员工的最大潜能……总之，简单就是一条永恒的自然法则，简单就是力量，简单就是高效。

第一章　管理得越少，管理得越好

指挥千军万马，不如善点良将

> 我最大的成就是关心和培养人才。
>
> ——杰克·韦尔奇

基于企业发展的不断需要，管理者已经不可能事必躬亲，而且员工的责任和权力之间的关系也应随着事业的发展重新进行定位。大胆给部下以权力与责任，不仅使工作进度快、效率高，而且上边的方针能很快传达到最下边，既有利于明确权力责任的范围，又能够激发员工的积极性，从而使企业的整体与局部紧密相连，促进公司的发展。

与其指挥千人，不如指挥百人；与其指挥百人，不如指挥十人。帅才善点将，将才善点兵。作为管理者要想成功，就要让管理回归简单，即擅长管理手下的几员大将而不是指挥千军万马。这是管理的灵魂之所在。

1933年，松下电器出现突飞猛进的发展势头，短短时间内，员工已增加到1400多人，成为电器界名列前茅的企业。不过松下知道，任何企业在规模相对较小时，管理者都能游刃有余、单枪匹马地管理企业的事情。然而，随着企业规模的扩大、员工的增多，管理者就会逐步感到力不从心，造成企业整体或局部处于崩溃边缘。

松下也曾经把一些权力交给下属，但因工厂尚未相对独立，管理者仍不敢放手去做，事事还得向松下请示，请松下裁定决策。在这种责任、权限划分模糊不清的情况下，出现问题是免不了的。松下自咎反省，寻找新的途径：一定得下放权力，一定得相对独立。虽然各工厂都勤勉尽力，但实际效果却有好坏之分，各工厂的待遇都是一样的，这是不公平的。如此以往，必然会滋生懒惰、保守、不思进取的陋习。第二年，松下采取惊人之举，大刀阔斧推行"事业部制度"，将企业分成若干事业部。这样一来，每一个事业部就像一个小型企业，在生产、销售、财务、研究、开发等方面都相对独立，拥有一定的自主权。这样松下只需直接管理几个部长，再由部长指挥员工，实现了最佳的管理目的。

松下认为"事业部制度"实际是一种"分权管理"的方式，部长对客户负责，各厂长对部长负责，员工对厂长负责。从表面形式看，每一事业部都是独立的经济实体，合起来，又成为一个大企业。相互之间则是固定的子公司与母公司的关系。

松下认为，集权与分权并存，两者都得有个适当的度。为此，应制定若干措施并加以有效的管理。

（1）每个事业部的领导处理本部的事情，但必须定期向总公司汇报。

（2）各事业部财务独立，但盈余需交总公司统一规划管理，要想融资扩充本部，均需向总公司申请。

（3）日常教育由各事业部独立进行，但是和企业的宗旨、理念不能相悖。每一个员工均需要接受松下经营哲学的教育和学习，以培养出志同道合、目标一致的松下人。

（4）员工管理和人事的进出由各事业部负责，但人事的升迁必须由总公司统一裁决。另外，高中毕业以上学历的员工，未经总公司的认可，不得擅自录用。

（5）各事业部独立面向市场竞争，但如果其中一个部门研发的产品和另一个部门冲突，必须报总公司审批并裁决。

我们再来看看这种分权制度的优点。

（1）不但使企业的规模扩大，而且解决了高层领导力不从心的问题。

（2）每一事业部都是一个责任中心，产品划分，责任分明，盈亏明朗，便于考核。

（3）各事业部都具有小型企业之特点，互相学习，互相竞争，互相促进，因此能培养出许多技术专才。

（4）由于各事业部部长负盈亏的全部责任，这就要求他们必须关注市场，关注消费者的需求。

（5）每一个事业部都必须靠自己想办法盈利，培养他们独立自主的能力。

管理者要培养自己成为善点大将的帅才，而不是指挥千军万马的大将。如此方能让企业在竞争中永远立于不败之地。

管理实践

作为一名管理者，为了取得成功，你不需要去控制每一个下属。你可以通过有限的几个关键人物去控制几十人、几百人、甚至几千人。

事无巨细的管理会事倍功半

> 最成功的企业管理者并不是紧盯着下属、不断地下达大大小小的指令的人，而是只给下属概括性的方针、培养部属的信心、帮助他们圆满地完成工作的领导者。
>
> ——盛田昭夫

20世纪80年代初，李某与朋友聚会时听到这样的传闻：智利的某大型铜矿公司资金周转不灵，濒临破产。为了尽快回笼资金，该公司打算把已经付款订购的1500辆大型矿用汽车和矿山机械出售，价钱很便宜。

李某是中国香港一家大公司的总经理。他想：国内许多大型矿山和基建项目都需要工程机械和运输机械，如果买卖成功，那就为国家节约了一大笔外汇。回到公司后，他马上打越洋电话到美国的分理处，要他们尽快查清这个消息的可靠性。过了两天，分理处就回复说消息是可靠的，不过已有四家公司在洽谈。铜矿公司要价也不高，约为设备新购时的四五成。这家铜矿公司希望是一揽子买卖，因资金筹措等问题，尚未签约。

"有些人虽然看到了机会，但却犹豫不决、裹足不前。好机会往往如过眼烟云，瞻前顾后、慢慢腾腾只能贻误战机。"李某思考了一会，再次拿起电话打到美国分理处："尹经理，我们希望做成这笔生意，委任你为全权代表处理这桩买卖，不需要事事请示。"尹经理接受任务之后，立刻飞到智利去与铜矿公司谈判，并很快就达成协议，签订了买卖合同。

过了两天，原来一直在接洽的另一家公司，拿着支票也准备做这笔买卖。可惜已经没有机会了。这家公司的代表真正是有口难言，这样一宗涉及款项较大的生意，他没有任何决定权，在请示汇报中，眼睁睁地把这块肥肉给丢了。

赋予下属的责任越大，也正说明他的能力越大。放手给他一些权力，往往会给企业带来意想不到的惊喜。反之，有能力，有上进心的下属，有时候反而因为得不到与其能力相匹配的权力，贻误商机，甚至影响一个人才的培养。

古语云："将在外，君命有所不受。"说的是将帅在外可以对某些事情自己定夺，不必接受君王的命令，也即拥有相对独立的决策权。

管理者只有授予下属必要的权力，放手让他们处理商务，才能在瞬息万变的商海竞争中赢取时间和成功。

授予下属必要的权力，有助于培养下属的自信心，而且可以充分激发他们的潜能，提高他们解决实际问题的能力。事无巨细、事必躬亲表面上看管理有效，实则往往事倍功半、得不偿失。

管理实践

事必躬亲导致的结果：一是效率低下；二是下属失去工作积极性。因此必须通过合理授权，使下属有充分发挥自己能力的平台。在必要的指导和监督下，用人不疑、疑人不用，赋予下属相应的权力，鼓励其独立完成工作。

放手让下属自己去干

明确地告诉人们自己所希望的事项，然后放手让其自由发挥。

——葛瑞德·杜雷尔

每个人的精力是有限的，我们不可能一个人做好所有的事情。因此，作为一个企业领导必须学会把权力授予适当的人。授权的真正手段是要能够给人以责任、赋予权力，并要保证有一个良好的报告反馈系统。美国前总统里根是一个很出名的"放任主义者"，他只关注最重要的事情，将其他的事情交给手下得力的人去负责，因此，他可以经常去打球、度假，但并不妨碍他成为美国历史上最伟大的总统之一。

人才是成就一番事业的关键，无论到什么时候，人才都是立业之本，这道理知易而行难。有了人，善用人，企业就会有一切；没有人，不善用人，企业就会失去一切。关键在于你怎样用人，怎样看待这个问题，总而言之就是在信任的基础上，放手让下属自己去干。

在很大程度上，领导的科学性在于用人的科学性，领导的艺术就是用人的艺术。在用人用智方面，能够用人之脑的，能够合成众人之智的，才算是最高明的领导者。睿智的领导者本身并不需要十项全能，但必须学会如何整合众人的智能为己所用。

但现实中，也有一些单位的领导干劲十足，精力充沛，处事明快，每天忙得不亦乐乎，他们总是大事小事一把抓，事必躬亲，即使让下属自己做一些小事，也不放心，处处过问。这只能说明领导者对下属极度的不信任，不敢放手让下属自己做事。这样的话，不仅窒息了下属的活力，自己也孤掌难鸣，不会有好的企业业绩。

把一些重要的事情交给下属去做，体现他们的能力和重要性，这一举动恰恰表现出你对下属的信任，其他任何的方式，都不如这种领导方式来得直接、有效。并且领导者也能有精力和时间去处理更重要的事，何乐而不为呢？

与下属推心置腹，千万不能只把这句话放在口头上，而是要放到行动中。要把这句话牢记于心，并时时处处体现在行动之中，这才是一个领导难得的英明之举。

作为一个有责任心的领导，用人一定要有一贯性，即使在下属出现失误时，也要敢于用人不疑，放手让他们自己去干。

有的领导者在下属出错时，表面一套，背后一套，表面上去同情、帮助下属，表现出他如何的仁义、大度，暗地里却怀疑下属。这种领导虽能欺骗一时，但最终必会被下属识破。朋友之间相处，讲究"患难朋友才是真正的朋友"。领导与下属之间相处，一个重要的原则也是这样，赞美下属的忠诚，在他处于逆境时特别要敢于信任他，把援救之手伸向他。只有这样，才能体现出领导者的高明之处。

作为一名领导者，应将部下放到最能发挥作用的岗位上去施展才干，以实现岗位所需和人才所长的最佳结合。同时，对一些从事某项工作有难度的员工，要多进行鼓励，使其在新的挑战和压力下，重新认识自己、调整自己和发挥自己，不断给他们搭建一个能真正发挥自己潜能，表现自己才干的新"舞台"，为他们创造一个想拼搏的环境与空间，让所有下属从思想到行动能时时感悟到有干头，从而焕发更大的工作热情。

管理实践

最成功的领导者是那些把工作放手让下属去做的人，是把下属培养为领导者的人，是使领导者成为变革者的人。

第二章

改变旧的管理思维模式

人控与程控的不同

> 程序管理能够照顾到99%的问题，而领导的任务则是要确保那余下的可能是决定性的1%不致陷于俗套。
>
> ——罗杰·福尔克

20多年来，中国企业对公司的控制大多数由人来完成，这使企业在短期内迅速发展的同时，由于资源共享问题的日益显露，造成了整体的不景气。而人控的另一个严重的后果随着各企业重要员工的流动也显现出来，给企业带来巨大的风险。以流程管理的形式来控制的跨国公司成为中国企业管控变革的方向。

（1）以能人来管控的中国公司体系。

中国企业对公司的控制绝大多数是由人来完成的，而世界级的跨国公司则是通过制度和流程系统完成的。

以能人来控制公司，结果产生了以领导者为核心，各层管理者针对上一级负责的管理格局。这十分类似于中国古代的诸侯分封。这种管控方式在短期内可以在量上获得扩张，但无法对企业进行质的提升。虽然从表面上看，可能企业红红火火，但其隐患也是十分明显的。

以能人来管控的模式，从整体上讲，企业小还可以，一大了就会存在资源共享问题，会产生内部竞争，从而造成整体不经济。这样做风险极大，完全依靠人来管理，领导者必须花费精力来安抚这些能人。一旦领导者手下的能人有了良好的机遇或更好的选择，他们要么自立山头，要么另谋高就。带给企业的直接影响是技术上的外泄或业务上的损失，而且是极为严重的，往往不是给原企业带来新的竞争者就是壮大了其他竞争者的实力。

第三，它不能培养员工的职业感。在中国企业里的员工，其雇佣思想远比敬业精神要强，特别是在人员流动频繁的今天，当对手开出更好的条件时，对很多企业的员工来说，就意味着个人的发展机遇；而重要员工的"跳槽"，对企业日常经营产生的影响不仅仅是效益问题，甚至是整个公司的人心稳定。

缺乏制度和流程的中国公司管控体系，在做大做强的道路上举步维艰，很多公司因此被市场淘汰。要想使企业迈向世界级之路，就必须在管控上进行根本的变革。

（2）传统的"中国式管理"无法产生世界级企业家。

什么是世界级企业家？原美国总统小布什曾考虑停止征收遗产税，可是有两人登广告反对，一个是微软的比尔·盖茨，一个是巴菲特。他们说："我们不能允许我们的第二代不劳而获。"这就是世界级企业家。简单的广告的背后是支撑美国近百年发展强大的人文精神。

世界级企业家就是能创建世界领先企业的企业家。这个领先，是指首创与第一，而不是第二；是带领全球行业进步的龙头，在他的前面没有可模仿的现成的技术、现成的模式。按照这个定义，所有模仿即后发优势企业，无论其规模如何，都不足以成为世界级的企业。因此，自由思考、创新精神才是世界级企业家的基本功。人格的独立性的管理才是世界级企业的根基。而传统的"中国式管理"的"修己安人"之法能培养出这样的精神吗？从根本上讲，传统的"中国式管理"与企业精神是背道而驰的。

我国四书之首的《大学》里有这样一句话："其本乱而末治者否矣，其所厚者薄，而其所薄者厚，未之有也。"什么意思呢？就是说根本问题未解决而枝节问题处理好的情况并不存在。对企业管理而言，什么是根本问

第二章 改变旧的管理思维模式

题呢？那就是企业家的精神。没有产生企业家精神的文化土壤，如何能培育出真正世界级的企业家呢？不幸的是，"中国式管理"在本来已经酸化的土壤中加入了一种碳酸饮料，喝起来可口，渗透进去则会让中国企业更早死于萌芽期。

有人说日本就是受了中国传统的儒家文化的熏陶才发展起来的，所以中国的企业应该以"中国式管理"为主。而实际上，对于日本而言，由于没有中国这样的历史沉淀，所以谁先进就学谁。学习唐朝时的中国，和学习20世纪的美国，对日本而言，并无什么区别。20世纪90年代，日本经济大有赶超美国的势头，所以日本也出现一种日本式管理的热潮，和今天中国式管理的背景如出一辙。一个简单的道理就是，日本近百年是被不断注入了西方现代管理思想才成就了第二大经济强国。

其实传统的"中国式管理"倡导的就是在旧瓶上贴了个标签而已。企业家们首先要打开这个瓶盖，看看里面究竟装的是什么东西？

"修己安人"被视为中国式管理的根基，其来源于传统知识分子修身、齐家、治国、平天下的理想。我国古代思想家老子提倡"虚其心、实其腹，弱其智、强其骨"的治国方式，认为无为而治乃是管理的最高境界。儒家虽然认为国家需要贤人来治理，但也认同了道家愚民的管理思想。这种中国管理文化的"精髓"也被传统的"中国式管理"继承而且发扬了。

企业是工商文明的产物，其目标是创造价值。而"安人"之道显然是在一个稳定、非竞争文明下的管理需求。虽有可借鉴之处，但与企业目标风马牛不相及。企业是在竞争中成长的，其边界随时有其他竞争者入侵。以安人为目的的管理的基本前提条件已经不存在，这时以"安人"为目的显然是违背了现代企业的宗旨。更有甚者，"安人"本来就是一种试图将自己的意识强加于他人的管理方式，看似温情关怀，实际是员工人格独立性的丧失，最终让企业失去创新能力。"安人"这种对中国企业管理目标的误导，是对企业家精神的严重腐蚀。

海尔流行一句话："要想一滴水不干涸，唯一的办法就是把它放到大海里去。"同样的，中国优秀的管理文化和思想，要想发扬光大，唯一的办法就是融入到世界的文化与管理思想中去。

管理实践

勇于抛弃传统管理思想中的糟粕，认真研究现代企业管理的思想，才能够造就真正的世界级企业家。其实，在中国已经有一批睁眼看世界的企业家。在未来，中国一定会出现世界级企业和世界级企业家，但这决不会是那些抱残守缺的人。

拆毁所有阻碍沟通和
找出好办法的"高墙"

> 真正的交流需要长时间地你看着我，我看着你。这意味着多听少说。也就是说，人类通过旨在达成共识的不断交往过程来最终了解和接受事物。
>
> ——杰克·韦尔奇

人们总是要通过一定的渠道和方式来交流信息、沟通思想、协调行动的。如果沟通渠道堵塞，互不通气，就会造成信息传递的片面性，"听风就是雨"，引起认识上的偏见和感情上的隔阂。信息传递失真，也会产生误解和歧视，引起冲突。例如，在一个企业中，往往由于信息渠道的不畅，设计、供应、生产、销售几个部门就常常在工作上发生冲突。

管理在某种意义上来讲也是一种交流，管理者将管理的信息发布出去，被管理者接到信息就会按照指令做事。信息传播的途径通畅与否，直接关系到管理的成效。

然而，在许多传统的组织中，信息传递的准确性总是会受到种种干扰。公司的老总将任务交给下面的经理，经理又根据自己的理解将任务交给下面的项目负责人，项目负责人再把具体执行人找来，又根据自己的理解做一番布置。在这样的信息传递过程中，不可避免地出现了信息的变形，产生了种种信息壁垒。

好在，这一局面正在改变，越来越多的管理人员意识到了沟通的重要性。

原通用电气公司CEO杰克·韦尔奇，当年竟差点因为壁垒森严、信息不畅的弊端而离开通用电气公司。后来，等他坐上通用电气首席执行官的位置之后，所做的重大决策之一就是拆除壁垒。

他在1981年被任命为公司首席执行官。他打破了公司的等级制，削减公司总部职员，并且责成10万职工致力于他所认定的几大核心业务。等到这些举措给自己制造了危机之后，他又着手调动组织的感情能量和创造精神。在他看来，中层管理人员的工作应当重新定义："他们得把自己看成是身兼教师、拉拉队队长和解放者三职的人，而不是只充当控制者。"

他其实是希望每一个中层管理者，可以自由组织人员，提出自己的意见和办法。

他向来主张恢复公开交流："真正的交流需要长时间地你看着我，我看着你。这意味着多听少说……就是说，人类通过旨在达成共识的不断交往过程来最终了解和接受事物。"

韦尔奇强调以价值观为基础的理性而不是非理性，这一点从他对通用电气公司的内部决策所做的指示里就可以明显地看出来。他更为强调的是共同掌握事实和决策所依据的设想，而非决策之逻辑本身："大家同舟共济，人人都拥有同样的信息……一旦人们不能得到所需的信息，混乱就产生了。"

在英语中，"沟通"一词来源于"分享"这个拉丁语词汇。进行沟通时需要特别注意的问题是，沟通必须是互相分享，必须是双向的，这样沟通才能有效。良好的沟通不仅仅是倾诉，聆听同样重要。

在微软公司，沟通的问题就不是那么难以解决。比尔·盖茨把他与员工们之间的沟通称作"弹指间的信息"。早在20世纪80年代初，比尔·盖茨就在微软安装了第一个电子邮件系统，很快，它便成为了公司内部通信和管理的主要方式。

比尔·盖茨每天要花几个小时来阅读电子邮件，并做出答复，这些邮件来自全球的雇员、客户和合作者。公司中每一个人都可以把电子邮件直接传送给他，越过所有中间层次的阻隔。他似乎相信人们口头上都具有"报喜不报忧"的倾向，而在一种不必见面的交流方式中更有可能流露出真情。

比尔·盖茨认为，坏消息几乎总是从电子邮件中传来。所以，他每天晚上睡觉之前，必定要把自己的电脑和公司系统连接起来，与公司雇员交换新的信息和想法。即使是在旅行当中，在远离总部上万公里的地方，也要检查一下他的电子邮箱。他说这样才能放心。由于电子邮件的充分利用，使得微软所有的职员能在第一时间得到微软公司和比尔·盖茨发出的最新指示，这使得整个公司的办公效率在同一时间内高速运转起来。

不难发现，给员工提供了多少信息并不是最重要的，或者说传达这些信息的效果如何也不是最重要的。关键是，如果他们不能对此做出回应，那么就没能建立起沟通渠道，而仅仅是一个形式而已。网络的发展，实际上为沟通打开了更大的空间。

企业内部交流的障碍及其消除往往受到多种因素的影响，主要表现在文化、组织结构和心理方面。

第一，文化方面的交流障碍。一个组织内部之间文化水平比较接近，信息沟通就容易进行。

第二，组织结构方面的交流障碍。组织结构方面的障碍包括角色地位障碍，空间距离障碍，交流网络障碍。一般说来，组织规模越大，成员越多，处于中层地位的人员相互交流次数增加，而上下层地位的人员相互交流次数相应减少。尤其是企业经理，常常因为自恃高明，目中无人，听不得不同意见，独断专行，容易阻塞上下信息的交流渠道。对于下属来说，他们怕得罪经理和主管，有问题往往不反映，或报喜不报忧，造成信息虚假，影响企业的健康发展。

再就是空间障碍。空间距离对信息交流及其效果有很大影响。一般说来，双方面对面地进行交流，有利于把复杂问题搞清楚，提高交流效果。

还有交流网络障碍。在组织中，合理的组织机构有利于信息交流。如果组织机构不合理，层次太多，交流网络不完善，信息从高层传递到基层既容易产生信息走样，又会使信息失去时效。因此，组织要精简机构，减少交流层次，建立健全交流网络，经理要尽可能地同下级和普通下属进行直接交流，使信息传递渠道畅通。

第三，心理方面的障碍及其消除。

（1）认知障碍。主要表现在：过高地评价自己或过低地评价自己。在组织中，下属对自己评价过高，就会表现出一种优越感，喜欢自吹自擂，对其他下属不尊重，这样就容易堵塞交流渠道。

（2）情感障碍。主要表现为：情感反应过于强烈和过于冷漠。情感反应过于强烈是指在交流时不分场合和对象，不顾轻重恣意纵情的现象。为了克服这种交流障碍，要学会情感的自然调节，把握情感的尺寸，既不能过分热情，也不能过于冷漠。

（3）信任障碍。在组织信息交流过程中，人与人之间，尤其是经理与下属之间关系融洽，相互信任，双方就容易交流。为了克服这种交流障碍，以改善和提高交流效果，交流双方要做到相互尊重、相互信任。

（4）态度障碍。在组织交流中双方态度各不相同，会造成交流的障碍。

（5）性格障碍。信息交流在很大程度上也受性格特征的制约。所以，一个经理要有高尚的性格品质才能取得组织成员的信任，才不至于造成交流上的障碍。

组织活动的核心是沟通，无论员工的职业技能水平多么高超，产品的价值多么令人瞩目，缺乏有效合理的沟通，任何企业都不可能完满实现其目标。现代企业的管理过程，越来越重视沟通。如果我们还没有重视到这一点，从不理会沟通之间的藩篱，那我们将在封闭中自生自灭。

管理实践

现代企业的管理过程，已经逐步趋向沟通的过程。沟通是意见与意见的交换，是心灵与心灵的交汇，是精神与精神的交融，是企业和谐走向成功的重要端点。如果我们还没有重视到这一点，从不理会沟通的重要性，那我们将在封闭中自生自灭。所以，我们应把工作归于实务而不是幻想。

力戒先入为主的思考方式

> 在没出现不同意见之前,不做出任何决策。
>
> ——艾尔弗雷德·斯隆

什么叫"先入为主"？即不考虑实际情况，而把自己原先就有的思考观念带进来，一切均站在自己的立场看问题，不善于去接受别人合理化的意见。

对于一个企业管理者而言，这种思维的弊端，往往造成"一人说了算"的危害，当然是有害无益的。在此，还想重复一遍：企业管理者不能一开始就有先入为主的想法，似乎只有一种建议是对的，而其他所有的建议都一定是错误的。管理者必须从一开始就下决心要搞清楚为什么人们还有不同意见。

企业管理者当然也知道，搬弄是非者总是存在的。不过，除非有确凿证据证明某人别有用心，否则就应该把持异议者都看作是没有偏见的。假如他得出了一个明显错误的结论，那也是因为他所关心的和看到的是问题的另一个侧面。卓有成效的决策者会自问："我们应该向他做哪些说明，才能使我们的观点站得住脚？"卓有成效的管理者所关心的，首先是理解，然后才去考虑谁是谁非的问题。

在一家好的律师事务所里，刚从法学院毕业的新手往往首先被安排为对方律师的委托人起草案情难度较大的辩护词的工作。在坐下来认真准备己方的辩护词前，先做这样的一件工作是一种十分明智的安排（一个律师毕竟应该考虑到对方律师也不是无能之辈）。这对年轻律师来说是一种很好的训练，可以使他避免从一开始就只认为自己一方的案子是对的。这样做还可以帮他熟悉对方会有哪些发现，已经了解了哪些情况，会有些什么论据。这样做就是要求他对双方的案情都应有所研究。只有做到了这一点，他才会真正懂得自己的案子应该怎么去办。也只有这样，他才能在法庭上把己方的理由做一番有力的陈述，从而让法庭接受他的看法。毫无疑问，无论是管理者还是普通工作人员，能够做到这一点的人并不是太多。绝大多数人都是从自己一方出发考虑问题的。他们的逻辑是：既然自己这么看待问题，那么别人也必然会以同样的方式来看待问题。

管理实践

不管自己的感情有多强烈，也不管自己是多么肯定对方的观点站不住脚，一个想做出正确思考的管理者必须要强迫自己了解不同意见，因为不同意见就是他推敲各种可供选择的办法的必要工具。有了这一工具，管理者才能确保某个问题的各个主要方面都已被仔细地考虑到。

第二章　改变旧的管理思维模式

别过于倚仗家族成员

家庭成员不应该在企业里工作，除非他们非常能干而且勤奋。

——彼得·杜拉克

在企业发展史上，无论是在任何国家，都有许多家族企业，这些企业是由家族控制并管理的。而且，家族管理的并不一定是中小型企业，其中占据同行业领先地位的世界级大公司有很多也是由家族经营的。当然，单纯从企业的功能性的工作来讲，家族管理的企业与专业管理之间是完全相同的。比如说，所有的企业都会涉及到的研发、营销、财务管理等。然而，家族企业的管理规则，却与专业管理规则不尽相同，而且必须严格遵守这些规则，否则，家族企业将无法生存，当然更提不到企业的发展了。

杜拉克说："家庭成员不应该在企业里工作，除非他们非常能干而且勤奋。"一个家族管理的企业里，无论家庭成员的工作或职位是什么，他总是处在"高级管理阶层"，这是十分正常的。因此也就难以避免让非家族成员的同事、员工感到不舒服。不要认为这样可以起到监督作用，这是对非家族成员员工自尊的一种冒犯。这种监督与给员工带来的消极情绪相比得不偿失。尤其是让平庸、懒惰的家庭成员在家族企业中占着位子，无疑是件极其糟糕的事，他会降低企业里整个职工队伍对高层管理乃至对整个企业的尊敬。

杜邦公司就是一个家族企业，它之所以能够生存并且兴旺发达，是因为杜邦家族的所有男性成员在公司里无一例外都是在底层工作。5~6年后，由几位家族长者对其表现做仔细的评估。如果评议的结果认定该成员在10年之后不大可能成为高级管理人才，就会被毫不客气地请出公司。

杜拉克认为："公司管理层必须有一个高层职位由非家族成员来担任。"而且，他还认为："在家族企业里，越来越需要在关键的岗位上安排非家族成员的专业人士。"家族企业需要一位极受尊敬的人来参与高层管理，他的职位可以是财务主管或研究部主管，甚至也可以是营销或人事主管，这样就不会把生意同家族搅在一起。无论在生产还是在营销、财务、研究、人事管理等方面，所需要的知识和专长都很高深，无论一个家族多么优秀，也不可能有足够的人完全胜任这些工作。因此，对那些非家族成员的专业人士，一定要平等对待，让他们在公司里享有"完全的公民权"，否则他们根本就不会为实现家族企业的利益而长期在这些专业岗位工作下去。1967年年底，杜邦公司的科普兰把总经理一职让给了非杜邦家族的马可，这在杜邦公司史无前例，而且财务委员会议长也由别人担任，自己专任董事长一职，从而形成了一个"三驾马车式"的体制。1971年，他又让出了董事长的职务。

杜拉克还指出："要让外聘管理人员享有'主人感'。"对于家族企业中外聘的高阶层专业管理人员，只有让他享有所应享有的报酬和激励，他才会有"经营自己的事业"的感觉。1920年，杜邦在改组公司的时候专门为此发明了一种优先认股制度。这一决定曾遭到杜邦家族的强烈反对，但是杜邦坚决相信他这项制度是正确的。后来事实也证明了他的做法很正确。这一制度的重要性不在于金钱，而在于管理人员由此获得了地位。事实上，如果不是这一套制度，杜邦公司的外聘管理人员将有被歧视的感觉，杜邦公司的历史可能会改写。

在家族企业当中，管理层的继承问题也是一件大事，这时候经营的需要与家族的需要发生了冲突，严重的会导致分裂的结果。解决这一问题的办法就是在家族成员开始对继承发生分歧前找出一个非家族成员做仲裁者。

家族企业发展到一定规模的时候，就算已经能够吸引和保留外聘的专业管理人员了，也不一定可以持续经营。一个家族企业在成长及繁荣之后，其家族成员有可能分心于别的事情，渐渐日趋独立，另谋他业。结果家族成员中能继续专心致力于企业工作的人数也就会日益减少，而呈减少趋势的往往可能是干练型的人才，最终发展至整个家族企业成为专业管理人经营的企业。

诚然，国外不乏家族企业成功的例子，但中国国情不一样，我们对私有财产管理、运作、监督的法律制度不如国外完善，财产管理的社会服务水平较低，几乎每一方面都得亲力亲为。也就是说，几乎不可能要求家族在公司任职的每一成员都是岗位上的专家。然而家族化经营又有一定的封闭性。由于家族观念根深蒂固，企业引入优秀人才比较困难。而矛盾的是，企业发展壮大又急需人才加盟，因此只能从家族内部挖掘，结果是"矮子中拔将军"，家族中一些资质平庸、能力一般的人进入企业管理层。虽然这些人贡献并不大，甚至比其他员工还小，但他凭借自己的特殊关系颐指气使、养尊处优，不干实事，还要获得超额利益，甚至争权夺利。这类情况破坏企业的管理与激励机制，直接影响到非家族成员的工作积极性，进而影响到企业的发展壮大。

历数一桩桩、一件件家族企业的兴衰历史，家族企业的管理者应该深深地感悟到：家族企业需要遵循杜拉克的原则，不能再任人唯亲，要任人唯贤。

管理实践

一个家族企业，常常是在不到两代人的时间内，或者在企业尚未发展到中等规模之前，家族后人便由"创业型"转变为"受益型"。所以家族企业管理者一定要未雨绸缪，培养家族里精明强干的后人继续为该企业奋斗，而让其他的家族成员自行创业，仅作为企业的外部投资人。

最没有效率的工作
是以最高的效率做最没有用的事

最没有效率的人就是那些以最高的效率做最没用的事的人。

——彼得·杜拉克

杜拉克说："有效的管理者极为审慎地设定自己的优先顺序，随时进行必要的检讨，毅然决然地抛弃那些过时的任务，或者推迟做那些次要的任务。"这话很明白地告诉人们：企业管理要分清事务的主次，重点出击。许多人误以为在大企业中事情多，管理者应该分清主次，却不知在中小企业也一样，甚至更为重要。

效率专家艾维·利一次与伯利恒钢铁公司总裁查理斯·舒瓦普会见时，说自己可以给舒瓦普个礼物，能在很短的时间内让其公司的效益有所好转。舒瓦普说他清楚自己应该做什么，也懂得如何把公司管理得更好，自己需要的不是更多的知识，而是更多的行动。他说："如果你能告诉我们怎样更好地执行计划，我听你的，在合理范围内价钱由你定。"

艾维·利递上一张白纸，说："在这张纸上写下你明天要做的几件事。"看到舒瓦普写完了，他又说，"现在请删除可做可不做或根本不用做的事情。"等到舒瓦普停下时，他接着说，"现在按照每件事情重要性用数字标明次序。"做完这几项事情之后，艾维·利说："现在你把这张纸收好，明天早上第一件事情就是把这张纸条拿出来，努力去做你所标出的最重要的那件事，不要管其他的，直到完成为止。然后用同样方法依次去做第二件事、第三件事……哪怕你一天只做完一件事情，那不要紧，因为你总是在做着最重要的事情。坚持每一天都这样做，等你相信这种方法的价值后，让你公司的人都这样做。这个实验你愿意做多久就做多久，然后给我寄支票来，你认为值多少就给我多少。"

整个会见历时不到一个钟头。一个多月之后，艾维·利收到舒瓦普寄来的一张30万美元的支票，并附言说："从钱的观点看，这是我一生中最有价值的一课。"五年之后，这个当年不为人知的小钢铁厂一跃成为世界上最大的独立钢铁厂。

好多时候，你并没有足够的时间、精力去完成所有的事，那就去做最重要的事吧，既然注定事情是做不完的，就让那些不重要的事停下来，才会达到最佳效果。

中小企业经常犯这样共同的错误，即在做市场时遍地撒网、广种薄收（这里的广种薄收并不是薄利多销）。这项错误不是少数人会犯，而是大多数营销人员都会犯；不仅一两家企业会犯这项错误，大多数的中小企业都会集体犯这项错误。中小企业犯这项错误的原因是中小企业期望值过高，以及通过广种薄收来寻找"东方不亮西方亮"的心理安全感，然而，这种虚构出来的安全感却并不可能真正实现。真正的营销安全感来源于市场地位，只有在局部市场获得较高的市场地位，才能赢得对手的尊重，并博得顾客的接受，才有真正的安全感。

杜拉克认为："一个人的有效性与其智力、想象力和知识之间几乎没有太大的关联。管理者的本能只有通过有条理、有系统的工作，才有可能产生效益。"俗话说："饭要一口一口吃，路要一步一步走。"许多管理者总认为自己能力有限，实际是没有做到有条理、有系统地安排工作。

按照在市场的地位来分，企业可以分为三类：行业龙头企业、区域强势企业（有根据地市场）和有销量但没市场地位的企业。片面追求销量只是一时的，真正有稳定市场地位的企业是龙头企业和区域强势企业。中小企业的生存之道就是：在一定范围之内，根据自己的实际情况开辟小区域市场，然后在有余力时继续开发或扩大小区域市场，最后把小区域市场连成一片。中小企业如果不能做成区域强势企业，就永远做不大。

有一家小型饮料企业，该企业原来面向全国，以省为单位划分市场，派10多个业务员去开发，虽然有一定销量，但很不稳定。年销售额仅有500多万元。其中有一名业务员手头有多达70多个市（县）级经销商，一年到头连每个经销商平均拜访一次的时间都没有。这样的营销布局，企业根本不能够有太大发展。

后来，管理者发现自己的企业规模根本不足以经营省级市场，目前最重要的不是急于求大，而是先巩固自己的市场，于是确定了三步走的战略方针。

首先是以县为基本营销单元，一个乡镇一个乡镇地做市场，建立市场根据地，然后做成县级市场的龙头老大；其次，当在几个县同时成为龙头后，再发挥根据地之间的协同效应，将县级根据地连成片，成为区域强势品牌；最后再按照第一、第二步的方针发展成为另外几个区域的强势品牌，然后再连成一片。最终，该企业发展壮大为行业龙头。

上述企业的策略可以称之为市场聚焦策略，或者叫做珠穆朗玛策略。中小企业可能在全国市场没有名气，但只要成为区域龙头，就可以在区域市场内博得名气。现代市场是强者通吃的市场，市场地位是生存的基础，有销量没市场的企业不可能长期立足。

有一家年销量不过五六万吨的小型酿酒公司，他们的市场却做了三个省的60多个县。事实上，每个县的酒市场销量有1.5万吨~2万吨，但他们的公司在那个县的销量排不上名。后来，他们也是采用该方法，踏踏实实地做好几个县，结果平均每个县的销量都达到了6万吨。经过几年的发展，原来规模差不多的企业都一个个销声匿迹了，但他们的企业却越做越大，在周边三个省内成了赫赫有名的强势品牌。

杜拉克说："卓有成效如果有什么秘诀的话，那就是善于集中精力。有效管理者总是把重要的事情放在前面做，而且一次只做好一件事。"绳锯木断，水滴石穿。杜拉克的思想实际上符合"矛盾转化论"，如果能把力量集中在最重要的问题上就容易把它解决，而一个重要问题解决后，次重要的问题就会变为重要问题。按照这样的逻辑，所有的问题最终都会得到圆满的解决。

在企业管理中，应该说市场定位是不容易的。刚刚进入市场的企业就像刚进入社会的年轻人一样，往往以为自己样样精通，做什么都能成功，所以常常盲目地做事，最终搞的什么也做不好。

其实，做好一件事情的关键是目标集中。做什么事都要沉得住气，浮躁只能使事情越来越糟。许多企业一上马，把目标定位得过高，想做大品牌，想成为业界的龙头，结果是眉毛胡子一把抓，没轻没重。这样做，一方面会因为目标过大，又没有细致的规划，出现什么也做不精的问题；另一方面也容易因为精力过于分散，难以在用户心目中形成鲜明的定位。另外，市场战线拉得太长，则会使企业在市场形象塑造过程中花费的代价更大。

就像杜拉克所言，如果你总是做"重要且紧迫的事"，就常常有很多的剩余时间。做完"正事"之后，你还会有相当多的时间去做"重要而不紧迫""不重要且紧迫"甚至"不重要且不紧迫"的事。

在低绩效或失败的管理者中，很多人最易犯的错误是把"紧迫的事"与"重要的事"混为一谈，把战略与战术、"做正确的事"与"正确地做事"混为一谈。而最没有效率的人就是那些以最高的效率做最没用的事的人。当你清楚"紧迫的事"与"重要的事"之后，如何"把最重要的事放在第一位"就是最重要的了。

管理实践

要为企业找到一个专而精的市场定位并不难，关键考虑两点：首先要对目标市场进行细分，找到潜力最大的方向；其次要对自己所能掌握的资源心中有数，扬长避短，把最重要的事放在首位。然后在这二者间找到最佳的结合点，从结合点着手，企业一定会走向成功。

二八法则：重要的多数
和烦琐的少数

> 不能搞平均主义，平均主义惩罚表现好的，鼓励表现差的，得来的只是一支坏的队伍。
>
> ——史蒂格

1897年，意大利经济学家帕累托在他从事经济学研究时，偶然注意到19世纪英国人的财富和收益模式。在调查取样中，他发现大部分所得和财富流向了少数人手里，但他同时发现了两项非常重要的事实。第一项发现：某一族群占人口总数的百分比和该族群享有的总收入或财富之间有一个数学关系，即20%的人占有80%的财富。让帕累托真正感到兴奋的是另一项发现，就是这种不平衡现象到处都存在，并会重复出现。不管是早期的英国，还是与他同时代的其他国家，或是更早期的资料，相同的模式一再出现，即20%与80%的比例关系。后人对于这项发现有不同的命名，例如帕累托法则、帕累托定律、二八法则、二八定律、最省力的法则、不平衡原则等。这就是二八管理法则的由来。

二八法则充分说明了经营企业不应该面面俱到，要抓关键的人、关键的环节、关键的岗位和关键的项目。也就是说，管理者要将主要导向和主要精力放在20%的少数以带动80%的多数，以提高企业效率。一个较小的诱因、投入或努力，往往可以产生较大的结果、产出或酬劳。几乎在所有的事物上，导致事物的最终结果都可能只归因于少数的原因、投入和努力，而其他大部分的工作只能带来微小的影响。也就是说，你80%成果的取得，是出自20%的付出。

如果灵活运用二八法则，不仅可以使公司的利润大大增加，而且可以使整个公司脱胎换骨。

乔治亚公司是一家年营业额达到数百万美元的地毯供应商，这家公司过去只卖地毯，现在它还出租地毯，出租的是一块块接合在一起的地毯，而非整块地毯。

原来这家公司意识到，在一块地毯上，80%的磨损出现在20%的地方。通常，地毯到了要替换时，大部分的地方仍然完好无缺。

因此，在公司出租计划中，一块地毯只要检查出有磨损或毁坏，就给客户更换那一小块磨损或毁坏的地方。

这种做法同时降低了公司和顾客的成本，使该公司的业务蒸蒸日上，而且引起许多家同行的仿效。

二八法则所提倡的经营指导思想，就是"有所为，有所不为"的经营方略。这一企业经营法则之所以得到国际企业界的普遍推崇，就在于它用20%的比例，确定了经营者管理的大视野，让企业家们知道，要想使自己的经营管理突出重点，抓出成效，就必须首先弄清楚企业中的20%到底是哪些，从而将自己经营管理的注意力集中到这些20%的重点经营业务上来，采取有效的倾斜性措施，确保重点方面得到重点突破，进而以重点带全面，取得企业经营整体进步。美国、日本的一些国际知名企业，经营管理层都很注重运用二八法则进行企业经营管理运作，不断调整和适时确定企业阶段性20%的重点经营业务，注重从这一经营法则中，体会如何采用得当的方法，将一个规模很大的企业管理得有条不紊，并使那些重点经营业务在管理中得到突出，并有效发挥带动企业经营全面发展的"龙头"作用。

被称为"20世纪最大投资失败"的铱星公司倒闭，就是被"二八法则"击败的典型事例。铱星公司出身豪门（后台是大名鼎鼎的摩托罗拉），其所推出的铱星电话——在世界任何地方都能打通的电话，其技术上的先进性举世无双，可就是这样一个"天之骄子"，却在投入运营两年后不得不宣布倒闭，原因何在？除了运营方面的种种失误，最重要的原因正是它所追求的"覆盖全球"的理想。不要忘了，地球表面的80%以上是人迹罕至的海洋、极地和高山，为了将这些地域纳入通讯网络，铱星公司不但要发射大量卫星，还要负担维护其运转的巨大费用，可是这些地方所能产生的利润却微乎其微。这些成本最终都要由另外那20%地区的用户负担，这就是造成铱星电话价格过高，无法和普通移动电话竞争的原因。

二八法则给我们的一个忠告是：应该把精力用在最见成效的地方，所谓"好钢用在刀刃上"，要善于抓住机遇。在激烈的商业竞争中，当足以决定成败的战机出现时，就要敢于将大部分精力投入进去以争取胜利。如果一味地强调平衡，死守"一份耕耘，一份收获"的所谓"公理"，那么就会受到二八法则的惩罚。

二八法则对管理者的启示有如下几点。

（1）管理要具有全局观念。

从二八法则出发，既要掌控总体的20%，也有必要了解总体的80%。在这一点上，有一个关键因素，就是要具有直观想象全局的能力。

（2）人力资源战略。

一视同仁可能无助于提高企业整体效率和竞争力，在人力资源管理中，往往是20%的人完成了80%的工作任务，因此企业要保证稳定的人力资源结构。作为管理者，任何时候都要保持清醒的头脑，要分析本企业20%的核心成员是谁？他们需要企业给予什么帮助？这些人各有什么特点和优势？有什么缺点？以便采取相应的对策。通过重点培养和激励20%的骨干力量，来带动企业另外80%员工的积极性和创造性，促使他们向20%的骨干力量学习，从而使整个企业人员素质、工作效率和业绩不断地向上攀升。

（3）营销战略。应专注20%能够带来高利润的核心技术和产品。另外，发展和留住客户的成本也是不等的，一般来讲，发展新客户的成本是留住老客户的5倍，重点要留住老客户、忠诚客户，也是因为这20%的客户能够带来80%的利润。

管理实践

明确企业经营应该关注的重要方面，从而抓住重点、以点带面；要抓住为企业创造80%利润的少数关键人才，并采取相应措施重用这些人才。

尊重非正式的团队协作——自组织

> 如果不存在外部指令，系统按照相互默契的某种规则，各尽其责而又协调地自动地形成有序结构，就是自组织。
>
> ——泰勒

1911年，泰勒在《科学管理的原则》一书中提出：通过把工作程序细化成一系列简单的步骤，并测量、优化每个步骤，公司可以让工厂工人的效率大大提高。泰勒的科学方法是革命性的，与他同时代的公司中，那些迅速采用了他的观点，并把它们付诸实践的公司往往是最成功的。

他认为，员工本质上是不可预测、不可靠的。正如他在《科学管理的原则》中宣称的："每个员工的工作所包含的技术是如此之多，即使那些很适合做这种工作的工人也没有能力完全了解这些技术。"领导者怀疑工人能否充分了解自己的工作，并能在正确的时间、用正确的方式做正确的事，因此这就需要一个新的雇员阶层来协调和指导他们的行为。几乎一夜之间，职业经理人在整个业界无处不在，他们通过对工人的行为进行评价来对工人施加影响和控制。

等级制度仍然占据统治地位。这是妨碍新的精诚协作方式构筑的最大阻力。

只有产生新的工人阶层——知识型员工，有着类似于蚂蚁一样的自组织能力，方可以满足消费者对服务和创新的新需求、新期待。

随着技术变革的速度不断加快，企业改革的速度也在加快。在当今世界很少有什么可以确定，除了以下这点：如果一个组织不能对变化以及变化带来的市场机会产生足够快的反应，那么它将与成功失之交臂。

成功的公司往往能针对自身的优势采取变革，只要有新的挑战出现就立即做出反应，甚至能对市场、产品开发及资源需求的变化做出预测。可以理解的是，公司越来越多地需要借助于新的领导和管理模式，来帮助他们跟上不断加速的变化。密歇根大学商学院教授C·K·帕莱哈拉德曾经为诸如花旗、柯达、甲骨文这样的公司做过咨询。他说："速度正在成为生存和发展的最重要的标准。这就需要尽可能让最接近业务的人做决策，并承担责任。"

在信息经济社会，员工是公司最重要的竞争优势。那些能迅速调整，并学会如何开发、利用每个员工（无论这些员工担任何种职位）的才能和技术的公司才会笑到最后。

遗憾的是，许多组织不能迅速对市场的急剧变化做出调整。因为他们发现自己被陈腐的等级和森严的管理制度束缚住了，那些被僵化的政策、程序所困，并对员工的巨大潜能视而不见的公司，只能丧失竞争力。

在这种情况下，建立精诚协作方式，显得刻不容缓。精诚合作的特征之一便是：尊重非正式的团队协作——自组织。

在美国，虽然有上百家行政人员猎头公司，但很少有能与拉塞尔·雷诺兹公司相匹敌的。成立于1969年，总部设于纽约市的这家公司，拥有超过270名负责招聘的精英，在全世界有35家办事处。拉塞尔·雷诺兹公司专门为世界顶级公司招聘高层管理人员，这些公司包括ABC、美国职业橄榄球联盟、凯雷投资集团、联合技术公司，以及皇家安大略博物馆。

拉塞尔·雷诺兹公司的影响相当广泛，该公司的经营范围涵盖超过40种行业和业务，包括互联网、技术、媒体、膳食服务、医疗服务、金融服务、工业制造和销售。平均起来，拉塞尔·雷诺兹公司每年成功招聘3000人，其中40%的人被聘用为主席、行政总裁、首席运营官、首席金融官、首席信息官以及总监。他们所招聘的岗位超过50%都可拿到每年20多万美元的工资。

是什么使拉塞尔·雷诺兹公司持续发展并繁荣，并超过竞争对手呢？虽然该公司的成功有许多因素，但是公司强调，非正式的团队协作——自组织，建立于坚定的个人责任和专长共享的基础上，这是至关重要的。通过强调、鼓励和奖励团队协作，拉塞尔·雷诺兹公司营造了一个独特的环境，在此环境里，员工努力互相帮助，竭尽所能地争取公司委托交办的工作。他们既相互独立，又相互联系，形成了一个充满生机的总体。

每周一的上午，在公司的每个办公室，拉塞尔·雷诺兹公司的员工都会开会讨论本周的新任务。这些会议能够产生促进并改善公司客户服务的新的想法、候选人和资源，同时让每名员工都得到寻求帮助的机会，以解决工作中的困难。大家通过分享有关要处理的工作信息，为公司能够得到最后的成功增加了可能性。

拉塞尔·雷诺兹公司还鼓励召开定期的电话会议和经常性的临时会议，以利于不断为员工创造信息和经验共享的机会。团队成员的这些互动，成效显著。拉塞尔·雷诺兹公司投资管理部的负责人理查德·拉那曼指出："有些最好的想法和最快的行动，其实是我的同事们聚到一起集思广益的结果。"

管理实践

员工优势是公司最重要的竞争优势。团结而有力的员工团队是振兴和繁荣一个企业的核心，而企业要提升核心竞争力，管理者就要对自组织做出迅速调整，不要被陈腐的等级和森严的管理制度束缚住，被僵化的政策、程序所困，而对员工的巨大潜能视而不见，应量体裁衣，因地制宜，积极开发、利用每个员工的才能和技术，以每个员工的鲜明个性来共建企业的鲜明共性。

打破一成不变的管理模式

> 当前的社会变革不是一场技术革命，也不是软件、速度革命，而是一场观念和思维方式的革命。
>
> ——彼得·杜拉克

经常可以看到这样的现象：当成功的公司面对市场环境的巨大变化时，它们常常麻木而且迟钝；面对以新产品、新技术和新战略武装起来的竞争者时，它们往往无力自卫，这令人费解而又疑惑。

为何成功的公司会走向衰败呢？经常有人认为问题在于麻痹大意，面对商业环境的迅速变化，公司无力反应，只好束手就擒。但是这一解释不符合现实，在研究那些一度繁荣又在环境变迁中奋斗过的公司时，我们发现能够表明其麻痹大意的证据很少。而恰恰相反，面对困境的公司管理者们总是很早就意识到威胁，并迅速做出积极反应，尽管这样做了，但公司仍然步履维艰。

真正的问题在于，面对困窘，公司就像一个杀毒软件，没有升级自己的程序，公司的管理者沉醉于过去创造成功业绩的管理模式，他们仅仅采用历史上被证明为正确的策略与行动，就像挖洞，他们所做的仅仅是挖得再深一点。

制度往往会僵化。公司获得最初成功的新思想有时会被一种沉醉于现状的僵化思想所取代，当公司面对的市场环境发生变化时，过去的成功模式反而会束缚公司的进步。

成功的管理者不要急于问"我们应该做什么？"而是要静下来想一想"是什么在妨碍我们？"

麦当劳就是这样一个例子，这家公司管理方式的僵化使自己对变化的市场条件反应迟钝。在20世纪90年代初期，这家快餐业巨人的经营手册有750页厚，其规定具体到每一家餐厅经营的每一个方面。多少年来，这家公司一直重视使工作过程标准化，一切活动均由总部下达指令。这使得麦当劳发展出一种成功的模式，从一个市场发展到另一个市场，确保一致性和高效率以吸引顾客并击败对手。

然而到了20世纪90年代，麦当劳就显得墨守成规了。消费者希望吃到有特色的食品和更为健康的食品，竞争者通过提供新的食品品种来适应这种消费者口味的变化。然而麦当劳对变化反应缓慢。它曾经的优势——一门心思重视改进大规模生产变成了它的弱点。由于饮食品种的改变要得到总部许可，这就抑制了创新，拖延了行动。直到后来，公司改变了这种旧的管理模式，才重见起色。

目前，有许多企业普遍对管理变革存在着认识误区和困惑。多数企业认为，有了问题才需要进行管理变革，更多的人则是把管理变革当成是一剂扭亏为盈的药方。事实上，管理变革的最终目的，并不仅限于扭亏为盈等短期行为，更重要的是通过变革，使企业对变化万千的外部环境做出快速反应，以确保企业能在激烈的竞争中保持优势。因此，每个企业，无论其效益是否显著，是否在行业中成绩斐然，都需要持续性地做出变革。

因此，身为管理者，必须有勇气改变自己的思维，尝试打破自己以往的经验。环境不同了，条件也发生了变化，经验也有落伍的可能。这个时候，管理者必须有勇气跳出以往的经验形成的桎梏。

国内的企业，要想在激烈的竞争中脱颖而出，必须要定义好自己的角色，培养新的理念，学习世界先进企业的管理方式。目标要与世界接轨，制定国际化标准的经营战略。同时，要从企业自身出发，进行文化、制度、机制等多方面创新，改变旧的管理理念和方式。

（1）理念的转变。要把目光放得长远而且实际，从以前的小市场，单一的产品供给转化为市场的多元化、产品的多样化，培养全球化的思维，自觉地将企业融入国际竞争的大环境中。

（2）管理方式的改变。中国的企业在国际竞争中要想赢得先机，从而在竞争中争取主动，只依靠国家政策的改善和机制的改变是不够的。增强企业竞争能力，从自身内部提高自己的软实力，也是必不可少的。这其中主要是对管理模式的改变。

管理实践

新的时代，新的变化，新的机遇。管理模式要改革，要发展，但更要创新。改善管理模式在于科学正确地管理工作，在于不改变企业本质，不改变企业效益，不改变企业宗旨的基础上实现其创新。

差异化才是公平

> 对员工的一视同仁是一种不公平的表现，任何组织内的管理者必须对所属员工用心进行了解，实行差异化管理，最大程度地发挥员工的能力，从而给企业带来最大的效益。
>
> ——哈罗德·孔慈

江苏森达集团本是一个小村子里的一家小企业，但从1977年创建到1997年成为中国皮鞋行业里的驰名商标，这短短的20年的时间内，迅速崛起，成为全国皮鞋的一流品牌，成为我国皮鞋行业里举足轻重的"森达集团"。这其中的奥秘就是重视人才，对人才与普通员工实行差异化管理。

一个偶然的机会，森达总裁朱湘桂得知中国台湾地区著名的女鞋设计师蔡科钟先生莅临上海，而且准备在广阔的大陆市场谋求发展。他十分兴奋，随即赶往上海拜谒蔡科钟。经过双方的沟通和理解，朱湘桂确信蔡先生是他生意场上不可多得的人才，打算聘用，但蔡科钟先生要求年薪不少于300万元。朱湘桂尽管预料到此人身价不低，可还是吃了一惊，要知道在当时，年薪300万元可以说是狮子大开口！但他还是下了决心，聘用了蔡科钟。

消息传到森达集团总部，顿时产生轩然大波，上上下下一片反对声，有的说，他是有能力，但年薪太高，我们的员工等于替他挣钱，不合算；有的说，蔡先生是中国台湾人，以前只是听说他很厉害，但到底怎么样，适不适合大陆的情况，不好说，等他的本事显出来再谈年薪也不迟；还有的说，东河取鱼西河放，实在没必要。但朱湘桂认为，要想留住一名人才，必须给他提供有竞争力的薪酬，实行与众不同的待遇。他向员工们解释说，聘请蔡先生这样的国际设计大师，能够不断推出领导消费潮流的新品种，占领更大的国内外市场，使森达品牌在国内国际知名度更高。

果然不负众望，蔡先生上任后，凭借其良好的开拓精神，深厚的研发功底和对世界鞋业流行趋势的敏锐感觉，他把意大利、中国香港地区、中国台湾地区及中国内地的女鞋样式融为一体，当年就开发出了120多种女单鞋、女凉鞋等高档女鞋品种。这些样式各异的女鞋一投放市场，立刻成为顾客争相购买的"潮品"。一年中，单蔡先生设计的女单鞋就为森达赚回5000万元的利润。一些开始议论蔡先生年薪太高的人也不得不承认，连连点头，年薪300万元留住一个难得的人才，值得。

平均主义是最大的不公平。在当今社会它已经失去了存在价值。员工之间的差异在任何组织内都是存在的，且是任何管理者都不可忽视的。如果管理者面对这些客观存在的差异视而不见，而一再强调对员工一视同仁，在企业内部便有可能造成管理层与员工之间的鸿沟，使企业的人力资源白白浪费，丧失应有的竞争优势。

管理者只有真正了解这些差异，分析这些差异，进而加以取舍和运用，采取对症下药的方式予以激励，才能真正发掘员工的价值。

管理实践

成功的公司不一定要完全与众不同，也不是一定要循规蹈矩，关键是找到正确的道路并且坚持走下去。

实行"末日管理"，促进竞争

> 　　一个秘密的目标，无法得到参与者和其他人的帮助。将目标解释清楚，让参与者全部都明了，可以激发他们的热情，使得他们发挥最大的力量，这是靠压迫所得不到的无限力量。
>
> ——约翰·杨

　　"末日管理"，顾名思义，就是说企业的任何管理者和员工在面对市场和竞争的时候，都要有一种如临深渊的紧迫感、危机感，都要明白任何一个企业都有其寿终正寝的一天，产品也一样。所以企业应该明白昨日的成功只代表过去的辉煌。

　　辩证的"末日管理"理念，形成了一种新的生产经营模式，它可以使企业进入良性循环。这种新理念和运作方式以建立全球性"横向比较"的信息体系为手段，以全员化、立体化、规范化的营销管理体系为支柱，以强有力的人才开发机制为保证，从追求卓越到追求完美，让危机意识成为全体员工的共同意识，让理念支配行动，使企业的生产经营活动始于市场，终于市场。

　　末位淘汰制是被企业采用最多的优化人员结构的方式。越来越多的企业随着规模的扩大，管理层次的增多，普遍存在员工"人浮于事"的现象。通过末位淘汰制这种强势管理，能够给员工以压力，建立严格的员工竞争机制，有利于调动员工的工作积极性，使公司更富有朝气和活力，更好地促进企业成长。

"末位淘汰"是对某一范围工作实行位次管理，规定在一定期限内，按一定的标准对该范围内的全部工作人员进行考核并据此排出位次，将位次列在前面的大多数予以肯定和留任，而将位次居于末位的一个或是几个予以否定和降免职。简单地说，"末位淘汰"是将居于末位的工作人员予以"淘汰"。

"末位淘汰"的作用包括以下三点。

第一，可以促进人们竞争、向上。实行"末位淘汰"，凡末位者就要遭淘汰。在这种压力下，人们为了免遭淘汰，就会加倍努力。

第二，可以增加工作业绩，提高工作质量。人人都加倍努力，就会多做工作，做好工作，多创业绩，创造佳绩。

第三，可以直接地、单纯地优化工作人员队伍。淘汰末位者不是孤立的，而是同时保留比被淘汰者合适的人员，又让出位置给新的比被淘汰者合适的人员。

"末位淘汰"的标准是"末位"。这一标准与上岗人员淘汰的正确标准有着很大的不同。上岗人员只要达不到岗位所要求的基本素质和基本目标，就要淘汰。所以"末位淘汰"的标准不全面的话，就会出现以下几种结果。

其一，末位者是不胜任、不合格者。实行"末位淘汰"，使不胜任不合格者被淘汰，从而让位给胜任、合格者，以便更加出色、有效地完成工作。

其二，末位者是胜任、合格者。末位淘汰，会有胜任、合格者被淘汰，对这部分人有失公正，使他们得不到肯定且没有安全感，这就容易引发一系列负面效应，甚至导致企业和社会不稳定。

但所有这一切不能阻止末位淘汰制的实行，因为它确实使得企业充满活力，保证企业可持续发展。当然，实行末位淘汰制要注意以下几点。

首先，目标要明确，且这个目标应该是员工通过努力可以达到的。如果目标定得过高，当员工感到没有实现的可能时，自然会产生消极情绪。

其次，目标应该是可行的和可衡量的。在目标已定的情况下，企业管理者一定要经常帮助员工实现目标，例如，提供相应的资源、条件、机会和培训等。否则，如果最后由于员工自身原因无法完成工作，员工自己就会萌生退意。

最后，对员工的考核要目标明确，职责分明，考核指标应合理一致，考核过程要严格划一。最行之有效的办法就是提高员工的工作积极性，可以通过以下几种方式来实现：①向员工传达公司对未来的构想；②适当加薪；③建立完善的业绩管理体系；④不断地提升员工的工作能力。

只要是按传统市场经济规律运作的企业，就不可能永葆青春。只有接受市场经济的劳动观念，不断学习，与时俱进，不断充实自我，才能跟上时代和社会的步伐。同时，要时时刻刻保持一种如履薄冰、如临深渊的心态，给自己适当的压力，不断充实自我的同时保持良好的心态。这样的企业才是健康的企业，这样的管理才是永葆青春的积极管理。

管理实践

实行"末日管理"，使员工时刻充满危机感，保持警醒，使企业的各项工作一直保持高质量运行，从而提高整体竞争力。

没有永远的错误，
只有不断改进后的正确

> 对于企业而言，就是要把既定的那个行业领域、那个主导产品和市场不断改进、不断突破，做到最好，做深、做透。
>
> ——彼得·杜拉克

彼得·杜拉克说："管理是实践而不是实施，管理不是了解而是行为。"没有现成的管理条例供你实施，管理是在实践活动中逐步改进，从而找到正确的方法。这就要求管理者在管理实践中，勇于探索，勇于犯错，勇于承担责任。有责任才有动力，有目标才有方向，有实践才能改进，有改进才能正确，只有这样企业才会一步步地走向成功。

一直引领着电子产品新潮流的索尼公司，曾在《财富》杂志年度世界500强排行榜上排名第31位。但很少有人知道，他的前身是一个街道小企业。创始人之一的盛田昭夫从零开始，历经曲折、坎坷，带着索尼一步步走向辉煌，最终把它做成了跨国公司。

1946年，索尼公司的前身——东京通信工业公司成立了，这是盛田昭夫与井深大一起奋斗创建的。公司创立不久，他们就取得了新的进展，他们利用自己在物理学方面的专长，研制出了磁带录音机及磁带。这种录音机比原有钢丝录音机具备了三大优势：第一，革新了技术，使用方便；第二，录放的音质高，效果好；第三，比原来的成本大大降低。在有关专家鉴定的时候也是好评如潮，很多人都认为这种新型录音机一定能畅销。

盛田昭夫怀着激动的心情把它推向了市场，但是结果却出乎意料，这种录音机不被大多数的购买者所接受。后经多方论证，原来是很多人还不清楚这种产品是干什么用的。于是，他开始大量搞推销宣传活动。他用汽车拉着产品，到公司、学校、商店等人群聚集地去展示新产品。当用这种录音机录下人们的谈话，然后再放出来时，所有的人无不感到惊奇万分。经过一段时间之后，购买的人依旧很少，这是为什么呢？原来大家都有同样的感觉：这东西确实很新鲜，也很实用，不过，如果把它买来做娱乐，价格就有些贵了。

事实让盛田昭夫非常失望，他一度怀疑自己是不是错了，压根就不应该生产出这个东西，不过他还是坚持着自己的信念。有一天，一件偶然的事情却让他明白了。他在一家古玩店发现：有一个非常破旧的瓶子，在别人眼里是没有什么实用价值，结果一位顾客毫不犹豫地以高价将它买下了。这件事让盛田昭夫茅塞顿开：原来不是产品的问题，是自己销售方式的问题。任何事物对于适用者才有价值，正所谓物有所值，需要物尽其用。一定得向能用得到它的人来推销，那样新产品才会畅销。杜拉克认为："有效的管理者能够排除任何影响他们工作的障碍。"任何人都一样，工作中没有障碍几乎是不可能的，但是有效的工作者一定能够克服困难，排除障碍。盛田昭夫无疑是这样的人。

后来，盛田昭夫偶然得知，一些企业缺少速记员，有的公司的速记员不得不经常加班，于是，他马上带着自己的产品去推销，果不其然，很快就有企业大批订货了。一次成功的推销，使他开始认真地研究市场。当时的日本，学习英语的风气已经普及开来，很多学校都开设了英语课。但是当时的英语老师不多，而且学习英语要练习口语和发音，没有一种十分适合学习英语的工具。得知了这一情况，盛田昭夫和井深大针对学校的实际情况，连续废寝忘食了几个昼夜，克服了一个又一个的难题，设计并制造了一种价格低廉、体积小，适合学校使用的磁带录音机。结果在当地的学校大受欢迎。就这样，录音机便迅速普及到全国各地的学校。销路一打开，磁带录音机成了热销货。

连续的困难给了盛田昭夫和井深大很多的阻力，他们的公司也一度受到质疑，但是正是这种勇于创新和探索的精神在支撑着他们，他们也因此获得了丰厚的回报，索尼公司由此为今后的发展奠定了一个坚实的基础。

世上没有绝对的事。谁也不是神，没有任何一个管理者能够做到万无一失。在管理过程中，要主动为自己设定工作目标，并不断改进方式和方法。遇到问题是正常的，不要退缩，要认真思考，看问题出在哪一步，然后再想出解决的办法。管理中没有绝对的正确，也不会有永远的错误，只有放弃和不断改进后的正确。

社会永不停止变革，时代永不停息进步。因此，在商界，顾客会发生变化，市场竞争格局会发生变化，市场地位和占有份额会发生变化，当然，企业管理也会发生变化，而且变化速度之快，常常会令企业家有应接不暇、无所适从的感觉。由于变化太快，过去很有名望的预测专家都失去了水准，谁也不敢对无法预测的未来妄谈什么。许多缺乏创见的企业家因为害怕莫测的未来而只能紧紧依附于过去的经验。

现实中，大量的实例告诉我们，在这个瞬息万变的时代，企业面临的机遇和挑战并存而且是势均力敌的。市场竞争的格局改变了，顾客的消费方式和选择变了，变革本身的性质也改变了。最重要的是，变革已经成为大部分企业发展的手段，它普遍而且持续。企业之间的兼并和收购时刻发生，同时也时刻改变着市场的结构和稳定。新材料、新技术的不断出现，顾客需求和期望的不断上升，使得产品生命周期急剧缩短。所以，现代企业要应对变革的形势必须进行文化上的变革。

市场带来的变化，企业要时时刻刻想法应对，但是同时，企业的决策本身就有一定风险性，任何人进行冒险决定都有犯错误的可能。一个企业的发展过程，就像一个人的成长，磕磕绊绊，不可能不出现差错和失败。如果失败了，就一定要承认自己的错误，并且在认真总结后吸取教训。

管理实践

在企业管理中，没有永远的正确，也没有永远的神话；不会有永远的错误，也不会有永远的失败。昨天的"异端"可能是今天的真理，昨天的"真理"可能就是今天的错误。或许你已错过，或许你的错误还没发生，但你一定要相信，在管理过程中，没有不犯错误的，关键是错了能够及时改正。

丢掉背上的猴子

> 只要有问题，就有存活的希望；只要敢于正视问题，解决问题，就可以前进。
>
> ——彼得·杜拉克

有位企业的管理者坐在一个饭店的角落，孤独地喝着酒，看起来黯然神伤。一位好心人走上前去问道："先生，您一定有什么难题，不妨说出来，让我来帮助您。"

管理者无精打采地瞥了他一眼，冷冷地说："只有上帝才能帮我的忙，你是上帝吗？我的问题多的像我的头发。"

这个人没有放弃，继续邀请他到自己的办公室去一趟。盛情难却，管理者跟他走了。

走了很久，这位好心人向前面一指，说道："走，我带你去一个地方。"管理者很纳闷，但是还是跟他去了。

好心人把管理者带到荒郊野外的一片坟地，好心人指着坟场对经理人说："看看吧，我亲爱的朋友，只有躺在这里的人才是没有问题的人。"经理人恍然大悟，连连点头。

管理者一旦患上了事必躬亲、亲力亲为的"职业病"，就会被"琐碎的多数"纠缠得无暇顾及"重要的少数"。聪明的管理者让员工明确自己的角色和任务，"谁的猴子谁来背"，他们要做的只是千方百计提高下属

第二章 改变旧的管理思维模式

们的工作效率，必要时辅之以检查。

为了避免工作混乱和低效率，加强员工之间、部门之间的合作与协调，管理者必须让每一个下属明确自己的任务与角色。为此，企业领导需注意以下三点。

（1）让下属了解工作流程。

为了企业的发展与壮大，当然要不断雇用员工，但是绝对不要付薪水给碌碌无为的人。因此，企业的管理者有责任、有义务来培育能够适合本企业岗位需要的职员。

为了促使下属完成工作，企业领导必须教授整个工作的流程。

①告知企业的结构和布局，该员工在企业中的角色和地位。

②让员工理解企业的工作流程，包括任何细节方面的操作。

③让员工明白企业的效益，成本和产品售价之间的利润差价，以及转化的过程。

（2）让员工明确自己的工作流程。

在企业中，由员工单枪匹马工作的情况已经不存在了。除了规模相当小的公司外，全体员工团结一致既是趋势也是主流。

企业的核心竞争力是产品和员工。因此，在平常的工作中，管理者必须经常灌输唇亡齿寒的道理。管理者对下属的教育和指导，目的在于促进下属更快、更好地掌握职业技能，找准自己的工作感觉，以便融入到整个工作系统中来。

所以，任何时候，都要关注员工的培养和成长，在这个过程中，不能麻痹大意，因为很有可能你的疏忽导致他工作中的错误，给企业带来不可估量的损失。尤其是在布置工作时，更要细致入微，使其产生一种责任和使命感，否则，只会频频发生疏忽错误、越权行为、不平不满等后果。

企业的业绩是全体成员齐心努力合作的成果，每一个人如果都在自己的岗位上，全力以赴完成所肩负的任务，必然会获得最好的效果。

（3）告知下属应做的工作。

对于刚刚工作的员工，经验可能不足。管理者对下属布置任务时，经常会说："你应该做的事情就是这些。"

所谓"就是这些"是指：

①给予他的是什么工作；

②给予顺利完成工作的条件。

如果不详加解释，下属就自然无法掌握办事准则，结果肯定令人大失所望。

管理者如果完全不予解释说明，只是口气强硬地交代工作，不但无法获得下属的合作和理解，甚至会在员工心里产生抵触情绪。

有布置而无检查，是领导者失职的表现。虽有检查，但不得其法，缺乏这方面的管理艺术，也收不到良好的效果。根据许多成功领导的经验，要做好检查工作，管理者可以从以下几个方面去努力。

（1）不要为检查而检查。

检查之前，要明白是为了什么而检查。当然是为了检查下属的工作是否执行，是否做到理想当中的状态。检查不能单独进行，要包括工作的整个系统的和细节的落实程度，同时，检查的过程也是搜集资料，掌握信息，考察下属的潜质和能力的重要渠道。

如此看来，检查是工作中的重要一环，对企业的生产效率有着深远的影响。因此，作为一个合格的管理者，掌握检查这项技能，就显得十分重要而且必要。在检查时，不能抱着为检查而检查的心态，而是要把这种重要的工作，看成是企业管理流程中一个突出而且需要下大力气完成的工作，坚持标准，不能草率，从严要求，从而达到高质量、高效益。

（2）事先要有准备。

不能打无准备之战。检查工作需要认真、细心，不能马虎。除了这点，更要在检查前，了解所要检查工作的性质，做到心中有数。对带有明显倾向性的工作，更要以身作则，不能偏袒放松。做好准备，是为了在检查中对待出现的问题，有针对性地解决。不然，漫无目标的检查，不但耽误自己的时间，而且更会使下属对自己的权威性产生怀疑。

在检查中，作为管理者，要突出重点，抓住要害，掌握关键，不然会收效甚微。小项目不能松懈，大项目更是要认真。对于大项目的工作，在检查之前，最好做一个详细的计划，比如准备如何配备人力、在什么情况下去检查、要采取哪些方法、要达到什么样的要求等，都应该做好准备。

（3）检查要有标准。

检查工作没有标准，就正应了无的放矢这句话。但也应该注意的是，这里说的标准，应该是一种弹性的标准。一般在安排工作之前，都有一个计划，比如在完成后，应该达到一个什么样的标准，但是这个标准也不能一概而论。正所谓计划赶不上变化。因此，在检查时，一般来说，以原计划制订的目标为标准，如果完成的工作达不到原计划的标准，就谈不上完成任务。同时，也要坚持主观认识符合客观事实，不能用原计划的标准套用任何工作成果。一个弹性标准，则不违背原则，并能在不损害企业利益的前提下，上下浮动。这是一种人性化的检查模式。

（4）搞好三个结合。

跟踪检查和阶段检查相结合。所谓的跟踪检查是指检查伴随着工作进程，以便检查工作的实施情况，及时地发现偏差，随时解决；而阶段检查则是指工作进展到一定程度的时候，对这一阶段的情况进行检查，总结经验教训，以利于下面的工作顺利进行。这两种检查缺一不可。如果只抓阶段，没有跟踪，那么执行工作当中，容易造成员工的放任自流，失去约束控制。等到工作结束时，再来纠正偏差，往往尾大不掉，损失过大。反之，只有跟踪检查，而没有阶段检查，就看不到工作的连续性和完整性，也无法进行调整和比较，更谈不上经验和总结了。因此，企业领导必须把二者有机地结合起来。

由上而下检查和由下而上检查相结合。一个项目工作的计划目标、方案意向是由企业管理者决定的，因此，管理者对于它的作用和目的，甚至各个细节的施工，他们的心里都清清楚楚。而执行方案的活动，则是由基层的下属员工进行的。因此，检查总结工作，必须把双方都调动起来，双方结合，这样不但有利于信息的交流和沟通，达到互动的积极效果，而且更有利于工作的顺利进展。

专门班子与管理者相结合。现代化的生产过程，没有人可以独立完成一个工作流程。管理者也是这样，即使是最有才干的人，也无法仅靠一人来检查一切工作，掌握一切信息，更不要提发现问题、处理问题了。所以在检查工作中，应当充分发挥反馈系统、监督系统等职能机构的作用，或者组成临时性的专门班子，吸收专家参与工作。

要注意的是，企业领导亲身参加检查也是绝对必要的。因为检查工作是一种细致入微的技能，考验的是一个领导的综合能力。不亲身参加，就难以对贯彻执行决策的情况有深切了解和亲身感受，无法做出恰当的指挥和计划，当然也就不能充分发挥检查工作的作用，对于后续决策也会产生不利影响。

管理实践

一个放不下的管理者，会被大事小情所淹没，销售搞不上去，税务又来查账，下属闹着要跳槽……一堆堆的事情会搞得管理者头昏脑涨。其实只要充分发挥每位员工的能动性，及时做好检查工作，完全可以解决大部分的问题。管理者要放下沉重的包袱，让下属充分利用自己的权力来解决自己的事情。

将复杂管理简单化

> 我们已经选择了世界上最简单的职业。多数全球性业务只有三四个关键性竞争对手，你了解他们的情况。对于一项业务你没有太多事情可做，情况并不像要你在2000个选项中进行选择那么复杂。
>
> ——杰克·韦尔奇

简单管理是能简单的时候就不要复杂，复杂不能证明你能力的高深，反而会衬托你的平庸和无能。本来一句话能表达清楚的问题，何必说十句呢？另外九句话只能让人感到疲倦和厌恶。

有些管理者偏偏喜欢长篇大论，你想谁会有时间去阅读一大堆记不住的、乏味的计划书呢？计划应压缩成只有一页纸长短的、有力的、实用的的文字说明。如果能够把计划中的要素清晰地定义出来，那么，即使最复杂的战略也可以用一页纸的篇幅完整地表达出来。

总之，企业管理不必太复杂，使事情保持简单是企业发展的要旨之一。把复杂的问题简化成简单的问题加以解决，是管理者的明智之举。

宝洁公司的制度就具有人员精简、结构简单的特点，并且该制度与其管理者雷厉风行的行政风格相吻合。

管理者制定了"深刻明了的人事规则"，它得到顺利的推行并获得了良好的评价。而最能体现这种简洁明了的效率就集中体现在该公司"一页备忘录"原则上。所谓"一页备忘录"是指尽量精简公司所有的报告文件，以尽可能简练的语言来描述公司的现状和未来的发展趋势。其内容会随着具体情况的变动而增加或减少。这一风格可以追溯到该公司的前任管理者理查德·德普雷。

理查德·德普雷强烈地厌恶任何将简单问题复杂化的做法，所以，他十分反感助理给他的那些超过一页的备忘录。如果遇到一份冗长而又烦琐的备忘录，他通常都要退回去，并且还要在上面加上一句话："把它简化成我所需要的东西。"如果备忘录过于复杂，他会在上面加上这样的话："我不理解复杂的问题，我只理解简单明了的东西！"他认为，管理者要做的工作很多，但是其中很重要的一条，就是要把烦琐变为明了，就是把复杂变为简单。只有这样，管理者的思维才能清晰，效率才能提高。提高了自己的工作效率才能更好地指导下属着手后面的工作。

作为企业管理者，像上文提出的那样，用一页备忘录，可以解决很多的问题。首先，简单明了的核心问题，使领导者更能分清主次，那么审核并且解决的效率将大大提高。其次，建议条目按序展开，简洁、易懂。总之，管理的简单操作化使企业的管理远离了模糊和凌乱，并因简洁明了的积极作风为公司带来了令人欣慰的高效率。

很多的企业管理者在面对庞大的企业事务时，不禁发出这样的感慨：究竟是我自己能力不够，还是我的事情太多了？其实是我们常常被自己的习惯性思维所禁锢，从而把简单的事情弄复杂了。这正是每个管理者亟待思考和解决的问题。理性的企业家，在面对这样的困惑时，就要考虑改变自己的思维方式，找出复杂和简单之间的端点，然后直接画一条直线，由简单到复杂，理清了思绪，才能轻装上路。杰克·韦尔奇说："作为领导者必须表达清楚准确，确信组织中的每一个人都能理解事业的目标。然而做到组织简化绝非易事，人们往往害怕简化，他们会担心，一旦他们处事简化，会被认为是头脑简单。事实恰恰相反，惟有头脑清醒、意志坚定的人才是最简化的。"

当管理者真正找到简单的方法时，就再也不会为自己企业的发展壮大而感到迷茫，不会因为机构组织越来越庞大，人员结构越来越臃肿而发愁，不会因为每天要处理繁杂的事务而身心疲惫，不会因为管理方式越来越复杂，效率却越来越低下而困惑了。

管理实践

简单管理说起来很容易，其实要达到真正切实可行的地步，是需要一定的方法的。简单管理在形式上追求简单，但在内涵上则要求深刻、丰富。简单不是盲目的减少，而是要求对事物的本质有着深刻的感知，同时也要掌握企业运作的规律。当然，它也不是要舍弃什么过程和步骤，它需要领导者和管理者有着良好的理解能力和把握能力，认真分析，仔细体会，决然执行，全面总结。如此，简单才会出效率，管理才能简约、高效。

执行"精简高效"不容拖沓

> 少而精有两层意思，一是使用少数精干的人员，但有更重要的一层意思，即因为人少，人们就更有可能变得精干。
>
> ——士光敏夫

在企业管理中，要避免危机，要逃脱危险，就应该"精简高效"，而且一定要在行动上下狠力。

（1）动手要果断快速，决不能拖拉，拖拉也就失去了效益，也就失去了抢救的时间。

（2）减裁机构臃肿是一种方法，但一定要下狠力，避免感情用事。人与人之间的感情是原则问题的绊脚石，企业领导人一定要把绊脚石踢开。

（3）对生产线的改造也要下狠力，要引进先进的技术，不能抱残守缺。

（4）制定一系列完善的代理方式，以利于新产品上市的快速流通。

吉德拉即是利用了他的果断实现了精简高效。

1899年，乔瓦尼·阿涅利与他人联手创办了一家汽车公司。1906年，阿涅利将公司定名为意大利都灵汽车制造厂，后来改制为股份公司：F.I.A.T（中文音译——菲亚特），既是公司名称的缩写，又是产品的商标名称。

1949年，乔瓦尼·阿涅利的孙子贾尼·阿涅利被指定为菲亚特公司副董事长，1966年，他被正式推举为菲亚特公司的董事长。在贾尼·阿涅利的领导下，菲亚特公司发展迅速，旗下的菲亚特汽车公司成为意大利最大的汽车制造企业，也是世界最大的汽车公司之一。

但是，20世纪70年代前期的10年间，国际汽车市场疲软，在意大利本国工资升高、物价上涨的冲击下，再加上公司内部出现了管理问题，菲亚特汽车公司经历了历史上最不堪回首的日子，公司连年亏损，在世界汽车生产商的排名榜上名次接连下跌。此时，菲亚特集团的决策层中有不少人力主甩掉汽车公司这个沉重的大包袱。消息传出后，菲亚特汽车公司上下一片恐慌，都不知哪一天公司就会被卖掉或是解散。

1979年，贾尼·阿涅利任命47岁的维托雷·吉德拉出任菲亚特汽车公司总经理。

吉德拉能给员工们心神不定的带来什么呢？

吉德拉举起了他的"三板斧"中的"第一斧"："我们要大幅度地进行机构调整，大家要有足够的心理准备和承受能力。"吉德拉严肃地说，"菲亚特汽车公司机构重叠，效率低下，是导致企业缺乏活力的重要原因……"

吉德拉动手果断。很快，他关闭了国内的几家汽车分厂，淘汰冗员，职工总数一下子减少了1/3，由15万人降至10万人。这次机构改革的另一个重点是对菲亚特汽车公司的海外分支机构的调整。这些海外机构数量众多，但绝大部分效率低下，所需费用却很庞大，经常是入不敷出，成为公司的沉重包袱。吉德拉毫不犹豫地撤掉了一些海外机构。他停止在北美销售汽车，还砍掉了设在南非的分厂和设在南美的大多数经营机构。

吉德拉的"精简高效"遇到了强大的阻力。菲亚特汽车公司的员工人数在意大利首屈一指，被称为"解决就业的典范"，这次裁减人员的数量如此巨大，自然引起各方议论。但吉德拉丝毫不为所动，坚定地完成了计划。

吉德拉的"第二斧"是对生产线的改造。吉德拉通过在工厂的实地调查，认为公司技术落后、生产效率低下是造成它陷入困境的重要原因之一。吉德拉大量采用新工艺、新技术，利用计算机和机器人来设计和制造汽车。正是根据计算机的分析，使汽车的部件设计和性能得到充分改进，使其更为科学和合理化，劳动效率也随之提高。

新工艺、新技术的采用带来的另一个结果是公司的汽车品种和型号大大增加，更新换代的速度大大加快，这就增强了菲亚特汽车的市场竞争能力。

吉德拉的"第三斧"是对汽车销售代理制的改革。过去菲亚特汽车的经销商无需垫付任何资金，而且在销售出汽车后，也不及时将货款返回菲亚特，而是占压挪作他用。这使得菲亚特的资金周转速度缓慢，加重了公司的困难。

吉德拉对此做出了一项新的规定：凡经销菲亚特汽车，必须在出售汽车前就支付汽车货款，否则不予供货。此举引起了汽车经销商的强烈反对。但吉德拉始终坚持己见。结果有1/3的菲亚特汽车经销商被淘汰出局，其他的都接受了这一新规定，这大大提高了菲亚特汽车公司的资金回笼速度，减轻了公司的财政困难。

在吉德拉的管理下，菲亚特汽车公司通过一系列改革，成效显著，重新焕发了活力。

管理者精简机构，可以激发人们对工作的紧迫感，提高工作效率。因为"人才常常是在工作多而人员少的地方冒出来的。每个人只有把自己的工作担子加重，干着超过自己能力的工作，才能在经受困难的磨炼后造就出人才"。

管理实践

组织机构对于企业来说，就是身材和衣服的关系，身材瘦小，却穿了一件肥硕的衣服，怎么看怎么别扭，而且还影响行动。因此企业需要对机构进行撤销归并，组织并组建适合企业发展的健康的组织机构，适当地精简结构，划分好企业各个阶层的职责，再据此配备职员，挑选胜任的员工，以提高组织机构效率。

让员工拥有弹性的工作计划

> 为员工营造一个自由发挥的创造性的工作环境，它可以最大限度地引爆他们的知识能量，让企业在人才竞争上赢得优势。
>
> ——彼得·杜拉克

　　随着信息技术的迅猛发展和办公手段的日益完善，固定的工作场所和工作时间已经没有多大的实际意义。固定的工作程序和规则只会限制员工创造力的发挥，不利于员工更好地成长。鉴于此，管理者进行工作设计时，应力争体现员工的个人意愿和特征，避免僵硬的工作模式，让员工拥有弹性的工作计划。具体地讲，也就是在完成规定的工作任务，或者固定的工作时间的前提下，员工可以自行采取可伸缩的工作时间，安排工作实施计划，以及灵活多变的工作地点，为员工营造一个自由发挥的创造性的工作环境。弹性工作计划使员工能更有效地安排工作与闲暇，达到时间和精力的合理配置，有利于员工更好地完成工作任务。

　　1911年，IBM在美国成立。经历了近百年的风风雨雨，今天的IBM已经成为计算机市场上的"大哥大"，它垄断了全世界所有发达国家的大型计算机市场，领导着计算机行业的发展潮流。IBM的领导者认为，IBM的成功凝结着千千万万员工的辛劳和智慧。在他们眼里，每个员工都有着无穷的潜力。只要给他们能充分发挥聪明才智的空间，他们就能创造奇迹。

　　在实际工作中，有上进心的员工希望看到通过自己的工作设计完成工作，使公司得以健康发展，而不是在管理者指导下完成任务。后者容易使人把"完成工作"归功于管理者指导有方，前者却能充分展示员工的实际实力，满足员工的成就感，使员工深刻体会到价值。用一位成功企业家的话来讲，"是骏马，给你草原尽情奔驰；是雄鹰，给你蓝天展翅飞翔"。为了激发员工的主观能动性，IBM公司采取了独特的激励方式，给予员工极大的工作自主权，使他们可以像公司管理者那样，自己确定自己的工作任务。

从1936年开始，IBM公司便取消了传统定额和奖金，取消了计件工资，代之以正式薪金。在决定正式薪金时，公司并不规定某个工人一个月或一年的产量应是多少，而是由工人自行确定一个月或一年的产量，并以此产量来决定其月薪或年薪。让员工自主安排产量，不但增加了员工对自身工作情况和能力的了解，还使员工摆脱了固定产量的束缚，有效地调动了所有员工的积极性、创造性，提高了生产率。更为重要的是，员工们都自觉地学习技术，提高能力，进而使IBM公司的劳动生产率和利润不断上升。

让员工拥有弹性的工作计划，对于高科技型员工来说尤为重要。它可以最大限度地引爆他们的知识能量，让企业在人才竞争上赢得优势。相对于一般的员工，高科技型员工更多地从事思维性工作，具有特殊的技能，掌握着作为第一生产力的科学知识。这类员工对工作的自主性要求相对也比较高，他们不喜欢刻板的工作方式，不愿意受制于物，更无法忍受上司的监控和指挥。

因此，对于高科技型员工，管理者更应以弹性的工作计划来满足其需要。在实际管理过程中，管理者只需对高科技员工知识需要的投入和产出进行控制，工作过程、标准、方法、进度由他们自己安排，实行自我管理、自我监督。不要让他们受时间和空间的限制，更不要用刻板的方式来约束他们。过多的监督、控制和约束，只会扼杀高科技型员工的创造天性，束缚他们的个性张扬，不利于能力的正常发挥。

据报道，美国不少高科技企业为了激发员工的工作热情，留住来之不易的尖子人才，纷纷为员工打造弹性工作的平台。

才华横溢的乔治，在美国硅谷的一家网络终端公司供职。在那里，他有个好听的绰号——快乐工程师。三年前，乔治于斯坦福大学毕业。他非常渴望得到一份既能赚钱，又不耽误白天打高尔夫球的工作。乔治是个超级高尔夫球球迷，到网络公司应聘时，乔治明确地将这一就业愿望表白出来。该网络终端公司了解到这一切后，当即满足了他的要求，乔治兴奋极了。到该公司就职后，乔治每天早晨10点左右起床，11点开始跑步，午饭后稍事休息便出去打高尔夫球，直到深夜他才真正开始工作，但工作效率和质量都非常高。现在，出色的工作业绩已使乔治身价倍增，许多世界知名公司纷纷向他发出了"邀请函"。但乔治毫不动心。他说："原因很简单，在这里我有独立工作的自由，以及更具张力的工作安排。而我需要它们，喜欢它们。是'自由'给了我无穷的创造力。"

"管理中没有激励是万万不可的，但同样不存在万能的激励措施"。作为一名现代管理者，永远不要企图仅通过"弹性的工作计划"这一激励措施，达到激励员工的目的，更不能企图用一个"弹性工作计划"去激励所有的员工。

在企业中，员工的能力良莠不齐，这是不容回避的事实。因此，制定弹性的工作计划不可等同划一，应因人而异。在具体操作过程中，管理者首先应从宏观上设计出合理、公正的组织激励方案，然后，再从微观上针对不同员工的特点和真实情况，灵活而综合地制定出"弹性的工作计划"。这样，"弹性工作计划"才能有针对性地激励员工，最大限度地激发每个员工的潜能。

管理实践

"弹性工作计划"只是在一定程度上给了下属一个自由空间，并给了下属一定的激励，它可以降低因工作时间过长而带来的感官疲劳，并且提高工作中的民主性。弹性工作时间计划的实行，使员工乐于在工作中接受更大的压力，使管理变得更加和谐，减少了与上级领导之间的隔阂。这是一种无"薪"的激励，这种无"薪"的激励，则更能体现出管理者的领导能力和企业的管理水平。

第三章

管理不是为了管人，而是为了做事

超越管理误区

> 为了能拟定目标和方针，一个管理者必须对公司内部作业情况以及外在市场环境相当了解才行。
>
> ——青木武一

要解决管理的误区，首先是思维不能陷入误区。我们知道，管理是一件非常复杂的工作，各个企业都有自己的管理误区，突破了就会成功。对企业管理者而言，管理是头等大事。或者说把管理如何做得条理清楚，程序明确，上下一致，是他的管理重点。但是一名优秀的企业管理者应该懂得怎样在实际工作之外培养自己的管理思维，怎样才能把平时的积累化为自己的思维能力。这就是所谓"超越管理误区"。

超越管理误区，是作为一名企业管理者在工作上不可或缺的能力，许多成功的企业管理者往往具备了这一才能，赢得了大家的赞誉。超越管理，不是越权，而是在自己工作方法上、思维上的超越，在自己工作精神上、素质上的超越，企业管理者掌握了这一点，工作会更轻松，更挥洒自如。

超越管理误区，看起来比较抽象，但却最具意义。这个成功的法则，就是要开阔胸襟，放开眼界，多在工作环节上动脑筋，多在工作之外寻求一些补充自我营养的"佐料"，多方面地充实自我与磨炼自己。

比如多数的企业将工作详细分类，每一种工作有一定的实行方针，由于规定过于详尽，员工难免会囿于它的方法，将它当成工作的目的，反而忽略了工作本身更大的意义。而这也就是身陷管理误区的后果。那么，是否可以找到一条捷径，把管理开展得清楚明了呢？

要做到超越管理误区，首先就要扩展你的视野。

（1）与企业以外的人尽可能多地接触，聆听他们的意见。

（2）多阅读书籍，参加讲习会，听演讲等。

（3）多与同事及下属谈心。

总之，一个心胸狭窄、视野短浅的人，必无法成为成功的企业管理者。国家有百年之计，企业的经营，同样也需要高瞻远瞩，而不是一味地迁就现实。

企业管理者比别人高明之处应在于：能够及时发现一项工作在什么环节上出现了障碍，而且导致这个障碍产生的原因是什么。是由于以前的工作思路而致，还是工作的条框太多？是由于安排的工作方法欠妥当，还是有人不能胜任？诸如此类的问题，一定要弄个水落石出，才能超越管理误区，真正把工作做得出色。

管理实践

企业管理者要避免陷入管理误区，就要在自身的思维、方法上多下功夫，真正做到"换脑筋，想办法，干实事"，不能死钻牛角尖。只有开通的大脑，没有呆板的工作。关键要看你是否能想明白，尤其是在新的竞争环境里，你更应该想明白管理的一些具体方法，并以此激活企业效益！

注意管理中的官僚主义

> 大多数管理者都被训练成了他们最瞧不起的人——官僚。
>
> ——杰克·韦尔奇

　　一些国家在管理上存在严重的官僚主义，国家内等级制度森严，一级管一级的审批制度多如牛毛，在处理问题上不但烦琐复杂，还会在同一个问题上浪费许多不必要的时间。同理，在一些企业里也存在严重威胁效益的因素，就是企业内高度发展的官僚体制。而层级审批制度正是现代企业发展的脚镣。

　　层级审批制度曾经一度被奉为组织信条和行之有效的方法，而在现代经济中已经开始扼杀企业本身的发展，企业被官僚主义吹毛求疵的正式审核制度弄得喘不过气来，不但延误决策，还打击了生产积极性。

　　官僚制的管理目标在于使整个组织系统维持协调运行。而那些审查预算及大部分经营决策的"精英官僚"，正是一些企业策略的规划者。他们为审查提案而举行的会议，无论是研究企业产品的新定价方法，还是审查创新设计的产品，都必须遵照规定的程序和步骤。一旦提案的创意通过这种层层考验，通常它的最佳商业机会已经错过了。

　　官僚主义的管理体制本身就包含着一些非理性成分。在这个意义上讲，"官僚制"与"官僚主义"的界限难以划分，正是官僚制滋生养育了官僚主义。一旦企业产生了广泛的、过度的官僚体制，便会使企业成员丧失创造激情。可以说，官僚主义日益威胁着企业的前途、命运。

杰克·韦尔奇说，我们要让公司各个阶层对官僚充满仇恨。官僚主义必须受到清除，必须排斥……我们每时每刻都要与官僚作风做斗争，我们要粉碎官僚机构，使我们的机构保持纯洁、清新和自由。即使官僚作风在通用电气公司内已经基本上被清除了，我们也应该保持警惕——有时候甚至是一种猜忌，请原谅我用这个词——因为官僚倾向是人性的一部分，是容易滋生蔓延的，瞬间，就可能占满你的思想。官僚使人感到压抑，使人不分主次，限制人们的梦想，使整个企业停滞不前。

美国企业之所以在20世纪70年代和80年代之交受到了挑战，不单是因为其他国家开发出某些更伟大的技术，更重要的是因为它们向美国的管理技能的挑战。在这种新的竞争形势中，公司成败的决定因素，最主要在于管理能力。而官僚主义却在时时刻刻侵蚀着这种管理能力。

在杰克·韦尔奇接手通用电气公司之前，处于瘫痪边缘的通用公司普遍存在这样的问题。通用电气公司所跨行业广泛，几乎每个人都可以算是经理。在通用电气公司的40万名雇员中，有 2.5万名具有"经理"这个头衔。这些经理中有500名是高级经理，130名是副总裁或处于更高的地位。在"管理"方面，这帮管理人员除了审查下级的活动之外，几乎什么也不做。理论上讲，为了保证企业沿着正确的道路前进，这种审查是必不可少的。但实际上，经理人要耗费过多的时间填写日常表格，将自己的计划汇报给上级经理，而不是自己动手实施。

通用公司的管理结构一度被形容为像一个雕刻精细、层层相叠的结婚蛋糕。比如事业部主管必须要向资深副总裁汇报工作；资深副总裁按规定向执行副总裁汇报工作；然后向总裁汇报，最后才到集团总裁的办公室。

韦尔奇认为，像通用这样的大公司，要在竞争越来越激烈的全球市场中生存，就必须改变其行动和思考模式，破除企业内部的官僚主义。它应该学会轻巧、灵活，并开始以小公司的角度来思考。

于是，韦尔奇精简了组织层次。例如，精简后的通用电气公司重型燃汽轮机制造基地，全厂有两千多名职工，年销售收入达20多亿美元。全厂由一位总经理负责，他下面只有几位生产线经理，如叶片生产线、装配线、调试线等，每个生产线经理直接面对一百多工人。没有班组长，也没有工长、领班，更没有任何副职。又如飞机发动机公司，1990年开始，把厂长以下的各级组织全部取消，把协调人员、技术人员、市场销售、质量控制和供应人员与生产工人混在一起，自愿组成若干业务小组，每组20～50人，选举产生组长，自我管理整个生产工序，实行自我控制。

他还简化了企业内部官僚制的层层审批制度，在企业领导的设置上，从公司到产业集团直至基层，都采用上层的副职担任下一层次的正职的办法，每个人只向一个上级报告工作，因而层层有职、有责、有权，避免了多头领导，做到决策迅速，办事效率高。每一个产业集团的主要负责人都是公司的高级副总裁，而产业集团的副职，都是产业集团某一主要部门的负责人，分管一个主要部门的工作。这样的干部设置既保证了产业集团一级负责人参与公司一级事务的讨论、决策，了解公司的工作目标和战略思想，以便更好地贯彻公司的总体战略，也使公司可以更好地了解下面的情况和意见，便于正确决策。这样的机构设置人人职责明确，避免了下级向上级的多头汇报和越级汇报，以及上级越级干预下面工作而产生的混乱。

在这种思想的指导下，通用公司由一个"肥型"组织机构的大企业转变为"瘦型"组织机构的大企业，业务流程更加顺畅了。

"瘦型"组织机构的大企业较之"肥型"组织机构的大企业有很多优势。

首先，"瘦型"组织机构的大企业有更好的沟通。没有官僚体制的烦琐，听的人同时也在说；因为人比较少，他们通常也更能认识和了解彼此。

其次，"瘦型"组织机构的大企业行动较快。它们清楚在市场上犹豫不决的代价。

再次，"瘦型"组织机构的大企业里有较少的层级，领导人的表现会清楚地显露出来。他们的表现和影响，大家都很清楚。

最后，"瘦型"组织机构的大企业的内部耗损比较少。它们只花较少的时间在无穷无尽的审查、认可及文件上。人较少，因此只做重要的事。

对于一些规模比较大或内部官僚主义严重的企业，不妨试着破除内部的官僚主义，精简企业层次，打造一个全新的轻巧型企业，让企业轻装上阵。

"官僚主义"者的特性表现为：喜欢夸夸其谈，不负责任，喜欢推诿扯皮等，他们不喜欢躬亲力行、做最基础的调研考察，而是喜欢高谈阔论。"官僚主义"存在的地方，享受主义横行，信息不通，决策拖延，工作没有激情，机体没有活力。"官僚主义"就像病毒，侵蚀了企业的每一寸肌肤，如果不及时医治改正，那也许将发展成不治的顽疾！在官僚主义盛行的企业组织中，过多的阶层阻拦和横向条块的分割，使得组织内部的信息交接和沟通出现了障碍。命令的贯彻和任务的执行不断弱化，最终的误差使执行远远偏离了预计轨道，这就造成了企业高层与基层严重的脱节，以至于矛盾丛生。最可怕的是，官僚主义作风不是明显的能看出来，没有高度的事业心、责任心，以及敏锐的洞察力，只能任由这种风气滋生漫延。

管理实践

　　每个企业都想要快速发展并保持健康而稳定，那就不应该给自己任何理由无视"官僚主义"的存在，必须坚决杜绝"官僚主义"作风，因为"官僚主义"是损害并毁灭企业的"隐形杀手"。

　　做人也忌有"官僚主义"。这里所说的"官僚主义"是指这个人做事我行我素，独断专行，以自我为中心。现在社会上这样的人大有人在。

管得好的企业没有出人意料的事

> 管理得好的工厂，总是单调乏味，没有任何出人意料的事件发生。
>
> ——彼得·杜拉克

企业管理得好，就不会有更多出人意料的事发生。没有意外就不会引起骚动。

1985年3月的一天，某钻井队工人接班执行起钻施工作业。井架工小金和往常一样，佩戴好安全带，小心谨慎地爬上了井架二层台，开始紧张作业。突然听得"啊呀"一声。原来，当钻具起到31柱的时候，小金一不小心踩空了，非常危险。幸运的是，安全带把他倒挂在井架的横梁上。同事马上报告给井队领导。闻听此消息后，井队领导立即组织人员爬上井架，采用了多种手段和措施，终于将小金安全解救下来。

现在，小金已调到一家重型机械厂的保卫科，并被提升为安全科副科长，他对安全工作要求极其严格，态度非常认真。每当有同事马虎大意或对安全事项掉以轻心，认为没什么大不了时，小金便会告诉他：当年就是一根看似无用的安全带救了自己的性命，如果当时不系牢安全带，他就不能站在这里和大家说话了。

小金的危险经历告诉人们，加强安全管理，提高员工的自我保护意识和自我防范意识是极其重要的。

杜拉克认为"没有安全就没有效益，没有效益就没有稳定"。管得好的企业，员工就会严格按照要求去做，不会因为麻痹大意造成事故。下面这件事就是因为企业管理松散造成的严重后果。

2003年12月23日21时57分，重庆开县高桥镇罗家寨，发生了在国内乃至世界气井井喷史上罕见的特大井喷事故。这次事故中累计2.6万多人硫化氢中毒，其中有243人死于硫化氢中毒，6.5万多人被紧急疏散撤离，造成直接经济损失9200多万元。

事故责任调查结果表明，定向井服务中心工程师、罗家16H井现场负责人王建东，没有严格执行相关规章制度，违章卸下了原钻具组合中的回压阀（按照规定，钻柱上必须始终安装钻具内放喷工具回压阀）；钻井队井控管理人员宋涛如果能坚持原则，不违章执行王建东卸下回压阀的决定，就不会埋下事故隐患；钻井队队长、井队井控工作第一责任人吴斌如果对一系列违规行为监督到位，在发现违规拆卸回压阀的情况后能够及时采取纠正措施，这一重大隐患也能得以及时控制和消除；钻井12队副司钻向一明如果严格执行操作规程，在起钻中及时灌注钻井液，井下液柱压力就不会下降进而导致事故发生；录井工肖先素如果在发现向一明严重违章操作后及时报告，还能够在最后时刻对这一重大安全隐患得以补救；分管安全工作的川东钻探公司副经理、总工程师吴华如果能够正确认识当时情况，不做对有毒气体尽快实施点火燃烧的决定，这次事故也就不会进一步恶化。

杜拉克说过："一份工作所需的资源与工作本身并没有太大的关系，一件事情被膨胀出来的重要性和复杂性，与完成这件事所耗费的资源成正比。"也就是说，一件事情由于管理不善造成资源的额外付出是很难估量的。

杜拉克之所以说管理得好的工厂，没有任何出人意料的事件发生，是因为：管理得好的企业用不着表面上轰轰烈烈的誓师大会，"无志之人常立志"，那些"心中无数决心大"的誓师大会对于提高管理的有效性并没有任何本质上的帮助。那些在突发事件中表现英勇的人和事，的确激动人心，但企业需要的不是英雄人物，也不表现在对他们大张旗鼓地表彰上，而是要扎扎实实建立避免发生这类突发事件的机制。管得好的企业没有突发的意外事件，因此就不会有英雄人物的出现。

那些激动人心的英雄事迹往往是管理的缺陷造就的。如果细化管理，严格执行，就不需要英雄。

企业管理是一种平静的、连续性的工作，可以这样比喻管理，它就像一条细小而永不枯竭的河流，虽不汹涌澎湃，但却源远流长。企业管理本来就是枯燥乏味的，企业的战略执行、产品质量、市场销售等工作，都是以日复一日、年复一年的日常形态而存在的，假如这些管理工作只在本月轰轰烈烈的运动中有效，而下一个月却因为被忽视而失效，不能够成为持续性的日常形态，那么，管理就会成为断续的、杂乱的管理，企业就不会实现长远的目标。

管理实践

企业管理也是一门科学，讲究的是责任明确，各负其责，它必须要面向绩效和结果负责。没有效率和绩效的企业，不可能造就持续性的成功。企业管理需要的是扎扎实实地做好工作。企业生存需要的不是多少英勇事迹，而是靠一点一滴地下功夫。

规章制度是管理的法宝

> 如果你认为，企业的规章制度纯粹是一种约束和控制，甚至是体现管理的权威，那么，你的思想就是有问题了；如果你认为，公司的规章制度是一种全体员工和谐相处的规则，那么你只对了一半。只有清醒地认识到，必须比其他所有的员工更加模范地遵守一切规章制度，并且为此毫不动摇，你才具备了承担企业领导职务的基本条件，你的企业才能兴旺发达。
>
> ——井植薰

有一个关于"一条鞭子"的故事。

剑桥大学有一位著名的校长，治校有方，培养出了很多名满天下的学生。有人问他为何能把学校经营得这样好，这位校长说，那是因为他用一条鞭子来惩治那些不听话不上进的学生，并且奖罚严明。他还说，如果给他一把手枪，他会把学校管理得更好，培养出更多的好学生。

这个故事的大概意思也就是说，只有能以"铁手腕"、严格执行既定的规章制度，才能治理好学校。这里的"一条鞭子"，其实就是严格、严厉，不讲情面的意思。往大了说，不仅管理学校要像这样，从某种程度上讲，企业也应该像上面例子提到的一样，执行"一条鞭子"的管理政策。

海尔总裁张瑞敏在各种场合讲到海尔的成功历程时，总是不忘提到13条规定，其中包括不准迟到、不准打毛衣、不准在车间内随地大小便……

085

这些在现在看起来很琐碎、细小，简单得令人发笑的规定，确确实实地击中了原海尔员工的要害。通过海尔领导者的严格管理，这13条管理规定得到了切实的执行，使海尔人的工作面貌有了很大的改善，同时在海尔内部树立了"有规必行"的观念，使规章制度不再是"可有可无的摆设"。此后，海尔的管理者又逐步推出各种新的细化规章制度，做到了"有规可依"。逐渐地，海尔的企业管理由无序转向有序，逐步成为一个有执行力的组织，开始了海尔的辉煌之路。

国有国法，家有家规。公司制定出来的各种规章制度，不能只是纸上谈兵。作为企业的领导者和管理者，就应当用铁面无私的精神来贯彻合理的规章制度，一旦发现有人违反规定，一定要严格执行，绝不手软。

但是，应该清楚，"绝不手软"并不一定是滥施权力、粗暴蛮横地对待员工，以显示自己的威信。对员工要公道，在处罚时要有充分的根据，它包括解释清楚公司为什么要制定这条规章，为什么要采取这样一个纪律处分，以及希望这个处分产生什么效果。

我们要知道的是，执行任何的规章制度，目的都是为了维护良好的秩序，而不是处罚本身。因此，你应该向员工表示你对他的信任和期望。在对违反规定的员工处罚完以后，要肯定他的价值，以向上的激情去鼓励他，以消除他对处罚的怨恨和郁闷之情。

现实中，也有许多管理者认为"这些规定谁都知道"，我没有必要整天把制度挂在嘴边。但是，新来的员工，甚至有时有些老员工，直到自己违反了某项规定，才恍然大悟一般，才知道原来还有这样的规定。因此，加大对制度的学习，也是十分必要的。

当然了，作为企业管理者，自己更应该明白以身作则的重要性。如果你没有这样做，那你就是在向其他员工表示，制度只不过是一种摆设。同时，你也不应该不分青红皂白，草率地惩罚或处分员工。在你做出判断之前，甚至是在你做任何事情之前，你必须知道事情的来龙去脉，并要搞清楚员工为什么要这样做，他的动机是什么等。

制定出规章不是为了显示纪律严明。当然，并非每次的处罚都要一视同仁，它的意思不是说面对违规行为，采取统一的措施，而是说在相同的环境和条件下，违规行为都要受到同一种惩罚，不能有丝毫的偏颇。

英特尔从创立开始就非常强调"制度"，处处都有清楚的规定，每天早上的上班制度，就是最明显的例证。在英特尔，每天上班时间从早上8点整开始，8∶05分以后才报到的就要签名在"英雄榜"上，即使你前天晚上加班到半夜，隔天上班时间仍是上午8点。这和20世纪70年代嬉皮盛行、个人享乐主义凌驾于一切的理念有些背道而驰，可是却延续至今，始终如一。

英特尔整个公司的管理制度都很严明，从制造、工程和财务，甚至行销部门，每件事情都有清楚的规范，人人都以这些规范来作为自己工作的准则。许多公司重视人性管理，以重视员工为口号，只有英特尔强调制度胜于一切，这种注重企业自主管理的经验和方法，使英特尔的企业文化独树一帜。

制定规章制度应注意以下几点。

（1）规章制度的制定不能违法。

经常可以见到，在制定自己的规章制度的时候，很多企业由于对现行法律的不了解和不在乎，导致了与法律的冲突和矛盾，从而不具有法律效力。因此，在对违规员工进行处理的时候，由于没有效力，难以产生作用。而且，由于得不到法律的支持，所定的规章制度不过是一纸空谈。因此，规章制度的内容必须合法。

（2）规章制度要经过民主程序的认同。

顺应民主，才能持久。然而，现在大多数企业在制定规章制度的时候，往往只是几个高层管理者或者董事会的成员制定实施。但我国法律规定：企业的规章制度应该通过民主大会的形式，经民意代表同意，并且多数员工通过，才具有效力。

（3）规章制度应该及时修改、补充。

市场不断变化，形势也在不断变化。因此，企业的规章制度应该不断修正和改定，只有不断地推陈出新，制定适合当时情形下的法规，定期或不定期地检查，及时修改、补充相关内容，才能保证制度和规章的合理性、时效性。千万不能认为把规章制度制定好以后便万事大吉。

管理实践

要把企业运营好，管理者需要建立一套完善的制度。制度设计合理、运作有效，企业高效运转，员工士气高昂，事业才能蒸蒸日上。所以，及早建立一套合理的制度至关重要。

好的制度在于执行

> 企业的执行力靠的就是纪律。
>
> ——卢正昕

在解放军队伍里，任何命令、条例和法规都能得到很好的执行，解放军的强有力的执行力是建立在良好的组织制度基础上的，没有制度的支持，执行力便得不到保障。

一切行动听指挥，不仅靠觉悟、靠常识，更要靠制度。没有一个保证能够"一切行动听指挥"的制度，是不可能建立能够执行的体系和文化的。

我国的有些企业组织经常出现无制度而想有制度、有了制度却又难以执行的怪病，造成企业运转无序，效率低下。其原因就在于管理者不能在制度面前痛下决心，一以贯之，在执行中带有"人情味"。一个有"人情味"的制度，是肯定管不好人、也管不好事的。

执行力是组织文化的核心成分。没有执行力，就没有竞争力！企业管理的最大黑洞是没有执行力，而执行力是一切企业正常运营的"关键"。

东北有家大型国有企业因为经营不善导致破产，后来被日本一家财团收购。厂里的人都在翘首企盼日本人能带来什么先进的管理方法。出乎意料的是，日方只派了几个人来，除了财务、管理、技术等要害部门的高级管理人员换成了日本人外，其他的根本没动。制度没变，人没变，机器设备没变。日方就一个要求：把先前制定的制度坚定不移地执行下去。结果不到一年，企业就扭亏为盈了。在这里，日本人的绝招就是执行力，无条件的执行力。

中国人善于制定制度，却不善于执行制度。再好的制度，如果执行不力，或在执行过程中走了样，都毫无意义。某些规章制度虽长，可如果不执行、不推敲、不研究，同样没有任何意义。一项好的制度没有人去贯彻落实，那么这个好的政策与废纸没有什么区别。即使规章存在缺陷，如果有人认真地执行，有人不断地发现问题，有人不断地完善，也要比光有制度不执行强。

企业的本质是管理者按市场需求预设一个目标，然后组织人员对此目标予以坚决的操作实现。更简单地说，企业的本质就是"执行"。显然，在目标——执行——结果这一企业基本流程中，目标的制定是高层在"很久很久以前"就敲定的事；结果的好坏，那也是在一个财政年度或"很久很久以后"才能统计出来的数字；而企业在一年365天的常态下，却是所有员工在自己的岗位上为着企业目标不断奔忙、不断努力完成任务的过程，这才是企业生生不息的原因。所以，一个企业实质上就是一个执行团队。

关于制度的建立与执行的矛盾，在现实中比比皆是。有了好的制度，并不意味着操控了一切，也并不意味着所有人都能管好。在所谓现代企业制度最健全的美国，一些大公司的制度涉及到公司治理及管人的方方面面，甚至包括封装一罐润滑油需要几滴焊蜡都有规定。可管理制度那么完善，经营理念那么先进的美国企业，问题依旧层出不穷，不仅出现了安然事件，还出现了世通丑闻。在我国也有这样一个真实的案例，某城市商业银行在1997年时，因为内部管理和制度建设相对完善，另一家城市商业银行到该行进行了学习。几年以后，学习经验的银行大踏步地前进，被学习的银行却发展不大。于是被学习的银行也决定到先前向他们学习的银行去考察。可去到那个银行，考察的结果令人大跌眼镜，那家发展得比他们快的银行，采取的内部管理办法和规章制度居然是1997年从他们那里移植过去的。唯一不同的是，他们辛辛苦苦制定的政策，自己没有遵照执行；而那家向他们取经的银行，却一一贯彻执行了。

有了好的制度，只是成功的基础，如果在执行中被曲解或执行不力，必定会成为一项无用的制度。况且，由于历史、环境、思维等的局限，看似完美的制度规章在发展过程中难免会出现漏洞，也难免与客观实际脱节。如果没有畅通的渠道反馈意见、没有人对制度规章的缺陷进行修补，在发展速度一日千里的今天，再好的制度也不会对企业起到长期的管理作用的。

制定政策的通常是少数决策阶层的人，执行政策的人却涉及方方面面。制定一部政策，需要广博的知识和严密的思维。可执行制度时会遇到什么样的问题，会经历什么样的困难，会遇到什么样的变化……谁都无法预料。

管理实践

每项政策、每条制度都要由人来制定，更要由人来执行。可见，所有管理，都必须体现以人为本的核心，也只有这样的制度，才能治理好企业，才能管理好企业中的人。

第三章 管理不是为了管人，而是为了做事

用纪律和制度说话

> 要管理，人们就需要依据一些原则，也就是说，需要依据一些被接受、被论证过的道理。法规代表了某个时期的这些道理的总和。
>
> ——亨利·法约尔

纪律和制度是组织成功的保障。任何没有制度的管人手段，可以说都是不起作用的。说话不灵，做事就无效。纪律和制度的制定是组织中全体成员行为一致的前提和基础。所以，要想让组织有统一的行为，组织的管理者首先需要做的工作就是"建章立制"，确定游戏规则。

纪律对任何组织来说都是胜利的保证。每个企业都不可避免的会有一些棘手的问题，例如，不愿与某同事协调合作、醉心于工作外的事项、纷纷请调或离职等。这些问题都是和人有关的，往往发生一两件，就使人感到头痛和焦虑。因此，在企业的经营管理过程中一定要有严明的纪律。

对于大部分员工来说，自我约束是最好的纪律，他们应清楚理解纪律本身的意义——即保护他们自己的切身利益。所以管理者不必亲自出面严明纪律，当需要强制实施惩罚时既是管理者的错误，也是员工的错误。正是因为这个原因，一名管理者应该在其他的努力不能奏效的情况下才借助于纪律惩罚，尤其应该澄清的是，纪律不是管理者显示权威和权力的工具。

员工们的许多不良表现都会成为进行纪律惩罚的原因。对于一般的违纪行为，它们的形式和性质都不会有太多的不同，不同的只是程度。人们常常会忍受一些轻微违反标准或规定的行为，但当违反了大纪或屡教不改时就需要立刻采取明确的纪律惩戒。人们违反纪律会有很多原因，大多数是因为不能很好地调整适应。导致这些后果的个人性格特点包括马虎大意、缺乏合作的精神、懒惰、不诚实、灰心丧气等。所以，管理者的工作是帮助员工做好自我调整，如果管理者是个明辨事理的人，他会真诚地关心员工，使员工在工作的同时享受到更多的乐趣，逐渐减少自己的违纪行为。如果员工面对的是一位一天到晚拉长着脸、讲话怪声怪气、动辄以惩罚别人为乐趣的管理者时，找一些迟到早退的借口，逃离关系紧张的工作环境，还会是出人意料的吗？

纪律的英文单词discipline还有一个意思是训练。可以这么说，好的纪律可以训练员工良好的工作习惯和个人修养，而当一名员工已经具有了过人的自制力和明辨是非的判断能力的时候，纪律对于他个人来说，可以被视为是不存在的。纪律的真正目的正是在于鼓励员工达到既定的工作标准。

一个良好的纪律政策可以用"烫炉原则"来形容。也可以用与烫炉有关的四个名词来形容纪律准则。

（1）预先警告原则。如果炉子是滚烫的，任何人都会清楚地看到并认识到，一旦碰上会被烫着。

（2）即时原则。如果你敢以身试法，将手放在火红的烫炉上，你立即就会被烫——即被惩罚。

（3）一致性原则。简单地说，就是保证你每次傻乎乎地用手触摸烫炉肯定都会被烫着，不会有一次例外。这样的纪律政策应该是很严密的。

（4）公正原则。即任何人，不论男女，不论你的地位有多高，名声有多么显赫，只要你用手触摸烫炉，一定会被烫着。烫炉既不会见风使舵，也不会因人而异。

"国有国法，家有家规"。一句话道出了纪律对于组织、单位的重要性。但纪律的制定一定要在结合现实情况的同时，顺应时代的发展，切不可固步自封。否则，将无法起到约束人、管好人的作用。

管理实践

管理者应该把纪律视为一种培训形式。那些遵守纪律的人理应受到表扬、提升。而那些违反了纪律或达不到工作标准的人理应受到惩罚，要让他们清楚自己的行为是错误的，并且认识到正确的表现和行为应该是怎样的。

好的制度才能造就好的人才

要想管好人，就要有一个好的制度，这是毫无疑问的。制定制度并不难，关键是执行制度，联想集团的柳传志、杨元庆迟到了也要罚站，因为这是公司的制度，任何人都没有例外。管理者决不能因为手中有权就轻视自己制定的制度，或利用权力更改制度、超越制度。

据说，原德国总理施罗德一家周末出游都是自己开着私家车，因为德国政府配给他的高级防弹轿车不是个人财产，如果周末使用必须按规定付费。可施罗德在经过数次离婚后生活很不宽裕。所以，只好开着自己的旧车出游。于是，在德国首都的郊区时常可以看到这样场景：一辆破旧的大众车在前面开，后面跟着一辆豪华的防弹轿车，车上坐满了保镖。想象着柏林郊外的这样一种情景，不由得使人生出了对德国国有资产管理部门的敬意，公车就是公车，制度就是制度，哪怕总理开着破车有损于国家形象，照样也不能通融半分。

中国有些企业的管理很重视门面，随便到一家公司，接待小姐长得漂亮，接待室华丽，接待客人大方。可是当你深入进去，就会发现公司内脏、乱、差，清洁工没有经过培训，很多岗位都不能严格遵守制度。

我们很多所谓的"好"公司、"大"公司在管理方面，都存在着类似现象：有些方面管理非常规范，标准非常高，而在一些次要方面、边边角角却放得很松，标准低得让人吃惊。这看起来是抓住了主要矛盾，殊不知，这恰恰是管理制度不完善的表现。一流的公司，一流的管理，是没有大的缺陷和不足的。

历时三年，1998年定稿的《华为基本法》完成了华为对自身过去与未来战略的系统思考，并形成了严格的管理范围和决策程序。在中国，很少有企业能将管理制度上升到如此高度并给予坚决的贯彻执行。

曾有位专家对华为公司进行了"微服私访"，他专门察看华为的司机，结果让他大开眼界，也悟到了很深的道理。华为的司机多数是从保安人员转过来的，而保安人员则几乎全是从三军仪仗队、国旗班、驻港部队等退伍的军人中招募过来的，他们不光人长得帅，关键是非常规范：个个西装革履，即使在盛夏穿衬衣也系领带。车里一尘不染，空气清新，非常舒适。无论客户级别高低，他们都一样礼貌待人。他们不会开快车，不会"动情"地超车，也不会在雨天、水坑中猛地轧过去，溅路人一身水，不猛踩刹车和油门，从而让客人感到非常安全。客户去游玩，他们会在车里静静地等待，当客人要上车时，他手扶着车门上沿，说："您好，请当心。"到了吃饭时间，无论客户如何诚心邀请，他们也不会与其一起吃饭，而是独自吃，不喝酒，等客户吃完了，他会准时等在门口。

华为总部的司机是这样，各办事处的司机也都如此。这位专家进一步了解到华为的其他员工也有着严格的行为规范，华为在各方面都有着严格的企业管理制度。由此，专家悟出：什么是大公司？能把小事情按照大事情标准做的就是大公司。什么是一流的管理？司机、清洁工、保安人员等普通的人都规范如一就是一流的管理。

正是华为公司的好制度，造就了一流的华为人，要建一流的企业，一流的公司，就要像华为那样，认识到每位员工都是一面镜子，方方面面、边边角角都规范，没有明显的管理缺陷和不足。

管理实践

制度就是制度，管理者既然制定了制度就应该执行制度，只有这样的企业才能得到长久的发展。千万不可形式主义，否则所有的人才都无法被发现，所有的庸才都会被当作人才看。

第三章　管理不是为了管人，而是为了做事

执行问题没有商量的余地

> 我们杜绝将资源浪费在行政体系上的做法，摒弃所有仅有美丽外壳的计划与预算。
>
> ——杰克·韦尔奇

没有哪一个企业不希望自己的公司永葆青春，充满激情。让我们回首历史，看看一些有名的企业，是如何做到这些的。通用电气公司（以下简称通用）是我们耳熟能详的超级企业，一百多年前它曾和十几家公司一起作为道琼斯指数股。然而一百多年后的今天，那十几家公司中也只有通用仍然是道琼斯指数股，是什么使得通用能基业长青？原因很多，但无疑，卓越的企业执行力在其中起到了举足轻重的作用。

通用执行的有力推动者之一就是韦尔奇。韦尔奇有过一个著名的管理者4E公式：有很强的精力；能够激励别人实现共同目标；有决断力，能够对是与非的问题做出坚决的回答和处理；能坚持不懈地进行实施并实现他们的承诺，也就是执行。

韦尔奇在《赢》中这样写道：

前面三个"E"我们总是能轻易的明白，第四个"E"也好像是水到渠成，但是好些年以来，其实我们在通用只关注到了前三个"E"。很多人以为，能具有前三个"E"的品质的人就已经相当好了。也因此，我们选拔出了很多，有数百名员工，并把他们归结为前三个类型。然后，很多人走上了管理岗位。

想想那个时候，我经常去参加一些业务会议和一些管理论坛，同行的还有通用负责人力资源管理的领导比尔·康纳狄。在评议会上，我们经常会查看一些管理者的资料，那上面有每一位经理人的照片、他的领导所做的业绩评定，另外，每个人的名字上都画有三个圈，分别代表上面的一个"E"。这些圆圈会被涂上一定面积的颜色，以代表该员工在相应的指标上所展示出来的实力。例如，有的人在"活力"上面可能得到半个圈，在"激励"上面得了一个圈，在"决断力"上面得到1/4个圈。

在对上面这些人进行考察之后，我们从中西部地区乘坐飞机出发，飞回总部。比尔一页页翻看那些厚厚的"很有潜力"的员工的资料，发现它们大都有三个被涂满的圆圈。于是，比尔转向我，"你知道，杰克，他们都是这样的出色，但我能肯定，我们肯定遗漏了某些重要的指标。"他说，"实际上，通过调查，他们中的一些人的成绩确实很是不好。"

被我们遗漏的东西正是执行力。

结果显而易见。你能拥有奋斗的激情，懂得如何去感染每一个人，能够不断地进步，有出色的分析能力，还能够做出坚决的判断，但你可能依旧不能跨越终点。执行力是一种专门的、独特的技能，它意味着你要明白如何去做，要有决然的毅力去付诸行动，而且不能退步。在这其中，你可能要受到很多的非议，阻力，迷茫，甚至是上级的阻挠。有执行力的人非常明白，"赢"才是结果。

这就是韦尔奇，当年，他从通用的最基层的一个普普通通的员工，一步步走到首席执行官的岗位。他完好地展示自己特立独行却又行之有效的管理论，矢志打破通用这个多元帝国的官僚主义，以强硬作风、追求卓越的理念推动通用业务重组，构筑"数一数二和三环"战略（核心、技术、服务），实现通用"6σ管理、全球化、E化、听证会"的四大创举。

韦尔奇曾经立下宏志，要用自己的管理方式，让通用成为"世界上最有竞争力的公司"的战略目标，他明确地向所有通用的员工发出了号召，并且将其作为一种人生的准则：

直截了当：明确、坦诚地传达需要完成的任务。

不出人意料：始终如一，不要隐瞒重要问题。

用事实说话：应该提供做出战略选择的依据，包括数据。

信守诺言：要言行一致，否则将失去信任。

从韦尔奇的故事，以及他向员工传达的指导思想中我们可以肯定，优秀的"执行力"对于成就通用可谓是居功至伟。

正是这种对执行的执著成为他出任CEO后一切改革的源动力。他历经旧体制的层层曲折，深知哪里是最阴暗的深处，哪里有无所事事的敷衍，哪里是最殷切的盼望，所以，大刀阔斧所到之处，必斩而后快，且绝不手软。为此，他曾有"中子弹杰克""美国最强硬的老板"之称。

管理实践

一个公司的效率不在它的大楼，也不在它的人员，更不在它的会议，而在它的贯彻力度。韦尔奇所说的执行力，指的是无论企业的领导还是管理者，在对待大大小小的决策和文件中，都要坚持贯彻。正如我们常说的，"光说不练假把式"。执行力的重点在于执行，也就是行动起来。无论你年纪多大，命运怎样，生活怎样，立即行动，做自己喜欢做的事，实现目标，永远都为时不晚。

管理者实施管理的根本就是协调

领导干部的重点工作就是交涉或协调，因此，这种说服的力量就成为该干部优秀与否的决定因素。

——绫山芳雄

我们常常看到，为了同一个项目，同一个公司不同部门之间的员工互相竞争，互相拆台，搞得公司无所适从，不仅浪费人力、物力、财力，也贬损公司的形象，甚至在社会上产生不好的影响。这都是因为公司没有协调好造成的。

我们都知道，每个企业都是由若干不同的个体组成的团队，但团队的整体力量并非所有个体力量的简单相加，关键是个体之间的组合和协作程度。如果哪位管理者总是坐在办公室里苦苦思索他企业里的人为什么总像一盘散沙，那么他应该看看赛龙舟。看完赛龙舟后，他一定会大受启发，茅塞顿开。

赛龙舟的场面甚是壮观。"当"的一声锣响，十来条披红挂彩的龙舟在江岸边数万名观众的呐喊中箭一般地冲出去。你看那龙舟上的十几名划船人，在号令员的指挥下，动作是多么协调一致！似乎有一条无形的绳索将他们连接在一起，而绳索的一端紧紧握在号令员的手中，随着号令员的指挥，他们强壮的手臂同时举起来，又同时挥下去，那种高度一致的行动确实令人赞叹。最先到达终点的肯定是行动上最协调一致的船。胜利的荣誉不是属于某个人的，而是属于龙舟上的群体，包括号令员和每一位划船手。

作为公司管理者，重中之重是协调各方面的关系，把公司的所有员工的努力拧成一股绳，把各个管理部门有机有序地联系到一起，使他们朝一个方向发挥合力的作用，指导他们去实现一项共同目标的活动，体现出团队精神，让企业成为最快的那条"龙舟"。

协调是管理的一项基本职能，管理者实施管理的根本就是协调。加强协调是管理工作的客观要求。卡耐基说过："组织的第一个原则就是协调。协调是一个首要的法则。"协调的过程是提高管理者管理水平的过程，协调的效果关系到管理行为的成败。

概括地说，协调的意义有以下四点。

（1）协调是实现目标的重要条件。协调的目的在于谋求组织和全体人员思想的统一和行动的一致，以实现组织目标。

（2）协调是组织和人员团结统一的需要。通过协调使组织内的各部门、各要素之间密切配合、互相支持开展工作。

（3）协调是提高效率、减少浪费的重要手段。协调可免除工作中的扯皮和重复，减少摩擦、冲突和内耗。

（4）协调是调动广大干部、员工积极性的重要途径。

最成功的管理者，不一定是最优秀的行业带头人，但一定是最优秀的中间协调员。只有这样，才能产生协同效应，提高组织的工作效率。可以说，管理者活动的范围有多大，他所应组织和协调的范围就有多广。

具体说来，协调包括以下四方面内容。

（1）上下级之间关系的协调。

有隶属关系的部门或人员之间，由于所处的地位不同，有时难免产生相互利益和观点上的矛盾，对于这些矛盾的协调，就是上下级之间的协调。

（2）领导之间关系的协调。

上级与下级之间有矛盾，同级之间也有矛盾，所以在工作中要努力协调好同级之间的关系。

（3）部门之间关系的协调。

在企业管理中，组织是个大集体，各部门是不同的小集体，而各部门之间，也即是小集体之间的合作，则是事业成败的关键。如果部门与部门之间闹矛盾、搞斗争，往往互相掣肘，难以协调作战。这就需要高一层的管理者来协调。

（4）公共关系的协调。

企业作为社会的一个基本细胞，每时每刻都处于错综复杂的矛盾之中和纵横交织的网络之中。作为管理者要精于公共关系的协调，要从全局着眼来处理方方面面的事务及关系，平衡各种利益冲突，否则，企业的经营环境将不堪设想。

管理实践

最佳整体，其实就是个体的最佳组合。在公司发展越来越依赖团队协作的知识经济时代，公司管理者不仅应重视个体能力的培养，更要注重团队精神的培育——对个体实行动态管理，进行合理有效的组合，强调个体之间的团结协作。

树立细节管理观念

> 竞争优势归根结底是管理的优势，而管理的优势则是通过细节来体现的。
>
> ——约翰·麦克唐纳

世界500强的中层领导尤其关注执行问题，他们非常清楚，执行在于细节，执行的成效在于对细节的关注。

这样说起来也许有些笼统，我们以上海地铁为例，来看看细节的差别对于执行的影响。上海地铁一号线是由上海隧道院北京城建院等主持设计的，在我们这些外行人看上去，它并没有什么特别的地方。

后来，直到二号线投入运营后才发现，设计施工中的很多细节都被忽视了。结果，二号线运营成本远远高于一号线。二者之间的差异就在于二号线忽略了下面所罗列的细节。

（1）三级台阶的作用。

上海地区毗邻海洋，只比海平面高一点。降水丰富，特别是到夏天，雨水经常会淹没一些低洼处。设计师在设计时，很注意这一点，所以地铁一号线的每一个室外出口都设计了三级台阶，要进入地铁口，必须踏上三级台阶，然后再往下进入地铁站。就是三级台阶这么细小的事情，在下雨天可以阻挡雨水倒灌，从而减轻地铁的防洪压力。不得不承认，设计师在设计时的细心，出乎人的意料，一号线内的那些防汛设施几乎从来没有动用过；而地铁二号线就因为缺了这几级看似平常的台阶，曾在大雨天被淹，造成巨大的经济损失。

（2）对出口转弯的作用没有理解。

在一号线的地铁中，每一个地铁出口处，都有一个转弯的设计，很多人就不明白了，这是为什么呢？原来设计师根据地形、地势建造的转弯，大大减少了地铁站和外部的热量交换，从而减轻了空调的压力。以前很多人不知道这是怎么回事，还嘲笑这样做增加出入口的麻烦，增加了施工难度。当二号线地铁投入使用后，人们才发现这一转弯的奥秘。我们可以仔细想想，仅仅是一个简单的转弯出口，就省下了多少电，每天又省下了多少运营成本？

（3）一条装饰线让顾客更安全。

我们都知道，当机车从隧道开来的时候，等候地铁的人如果距离机车太近，就会有一种扑面而来的压迫感。设计师们在设计上就体现了"以人为本"的思想，他们在站台距离地铁轨道大约半米的地方，用金属装饰品铺在地面上，而且还用黑色的大理石把站台边嵌了一条黑边。这样一来，当乘客靠近站台的时候，就自觉地站在半米开外，等候地铁。不但安全，而且美观。可是，二号线的设计师们就没想到这一点。地面全部用同一色的瓷砖，这样乘客很可能忽视了自己已经靠近了轨道。地铁公司不得不安排专人来提醒乘客注意安全。

（4）不同的站台宽度给人的舒适度不同。

在乘坐一号线的时候，特别是在上车的时候，由于站台设计宽阔，上下车都很方便，很少发生拥挤现象。当你转入二号线后，就感到窄窄的站台，拥堵闷涩，尤其遇到上下班高峰期。在上海这种国际大都市，二号线站台显得非常拥挤。同时，丧失了在站台内做广告的收入。

（5）省掉站台门降低了安全性。

在一号线，站台的每处都设计了相应的站台门，车来打开，车走关上。这是为了让乘客免于掉下站台，设计师可谓处处为人着想。二号线的施工单位可能是时间紧迫从而"节省成本"，居然没安装站台门，当然，更不可能理解一号线设计师的用心了。

任何事情的完成都是由很多个细节组成的，战略的制定也不例外，因为它关系到最终的执行成效。要想使战略目标得以实现，必须做到从细节中来，到细节中去。

（1）前期做得越细，战略定位越准确。

战略的本质其实就是判断、反思和各适其位。所谓"判断"和"反思"，其实就是每个战斗之前，对形势发展的估计与选择，以便做出最后决定的过程；"各适其位"其实就是战略定下来以后，对各个环节的实施与运用的过程。那么，这个前期的过程，拆开来看，就是对每一个细节的关注。

麦当劳在中国开到哪里，火到哪里，令中国餐饮界人士又是羡慕，又是嫉妒，可是我们有谁看到了它前期艰苦细致的市场调研工作呢？麦当劳进驻中国前，连续5年跟踪调查，内容包括中国消费者的经济收入情况和消费方式的特点，提前四年在中国东北和北京市郊试种马铃薯，根据中国人的身高体形确定了最佳柜台、桌椅和尺寸，还从香港麦当劳空运成品到北京，进行口味试验和分析。开首家分店时，麦当劳在北京选了5个地点反复论证、比较，最后才一炮打响。这就是细节的魅力。

（2）再好的战略，也必须执行到每个细节上。

事实上，我们绝不缺少雄韬伟略的战略家，缺少的是精益求精的执行者；绝不缺少各类规章、管理制度，缺少的是对规章制度不折不扣的执行。好的战略只有执行到每个细节上，才能发挥作用，也就是前面所说的"各适其位"。

海尔、联想为什么可以成为中国传统产业和科技产业的领头羊，就是因为他们的中层领导、一般员工对公司的战略执行到位。

所以说，战略和战术、宏观和微观是相对的，战略一定要从细节中来，再回到细节中去；宏观一定要从微观中来，再回到微观中去。世界500强之所以成为竞争中的强者，就是因为对这些辩证关系分得清看得明。而作为中坚力量的中层领导更是处于战略与战术、宏观与微观的衔接处，他们对此较高的把握水平，是500强企业具有强大竞争力的重要一环。

管理实践

那些优秀的企业之所以能够取得成功，很大程度上在于其对细节的重视。因为细节往往决定着企业的成败。细致入微地做好细节方面的事情便能体现出管理者的与众不同，从而使企业蒸蒸日上、发展壮大。

制度引爆潜能

> 　　未来企业经营的重要趋势之一是管理者不能再如过去般扮演权威角色，而是须设法以更有效的方法，间接引爆员工潜力，才能创造出企业的最高效益。
>
> 　　　　　　　　　　　　　　　　　　——鲍勃·尼尔森

　　早在1989年前，柯达的创始人乔治·伊斯曼就收到一份普通工人的建议书。建议书呼吁生产部门将玻璃窗擦干净，这虽然是小得不能再小的一件事情，伊斯曼却看出了其中的意义所在。他认为这是员工积极性的表现，立即公开表彰，发给奖金，从此建立起一个"柯达建议制度"。

　　或许，伊斯曼也没有意识到，这个偶发的玻璃窗事件所引起的建议制度会一直坚持到现在并得到了不断改善。伊斯曼也许不会意识到，他所建立的"柯达建议制度"会成为其他各大企业纷纷效仿的对象。在柯达公司的走廊里，每个员工随手都能取到建议表，丢入任何一个信箱，都能送到专职的"建议秘书"手中，专职秘书负责及时将建议送到有关部门审议，作出评鉴，建议者随时可以直接打电话询问建议的下落；公司设有专门委员会，负责审核、批准、发奖。

　　对不采纳的建议，也要用口头或书面的方式提出理由，如果建议人要求试验，可由厂方协助进行试验，以鉴明该建议有无价值。迄今，该公司员工已提出建议180万个，其中被公司采纳的有60万个以上。在1983年一

1984年两年的时间里，该公司因采纳合理建议而节约资金1850万美元，公司拿出370万美元奖励建议者。

对公司来说，这种建议制度在降低产品成本核算、提高产品质量、改进制造方法和保障生产安全等方面起了很大的作用。柯达公司认为，这种制度起到了沟通上下级关系的作用，因为每个职工提出一个建议时，即使他的建议未被采纳，也会达到两个目的：一是管理人员了解到这个职工在想什么；二是建议人在得知他的建议得到重视时，会产生满足感。

除此之外，柯达公司在实行职工建议制度时，注意了以下几个方面。

（1）管理人员，特别是第一线的领班，必须重视这一制度。如果第一线的领班们对下属员工提出的建议表示冷淡，那么这种建议制度就不能得到员工们的支持。

（2）必须建立专门的机构来实行这一制度。柯达公司办公室和专职秘书必须及时地处理员工的建议，公平地解决奖金的数额，耐心地向建议人解释建议不能被采纳的原因和定期公布该制度的实施情况。

（3）简化建议制度的程序。每当该公司职工想出一个建议时，他们随手就可以拿到建议表，并填上自己的建议。职工们可以将建议表投到工厂的信箱中，也可以投到工厂特设的建议收集箱内，如果职工不愿透露姓名，也可以采取匿名方式提出建议，然后用建议表上的号码与厂方进行联系，可用电话查询该号码的建议是否已被采纳。建议办公室把所采纳的建议都一一列成表格，定期在公司出版的报纸上公布，或张贴在公司的布告栏上。

（4）对每项建议都要进行认真处理。负责建议的秘书及时把各项建议提交给各有关管理人员和科室，必要时，可把建议付诸实施。有关管理人员和科室对建议做出采纳或不采纳的决议后，必须将决议后的材料送进建议办公室，由负责建议工作的秘书提交本部门的建议委员会审批。

对未被采纳的建议，必须向建议人送一份详细的材料，说明该建议未被采纳的原因。如果建议人仍认为他的建议有采用的价值，他可向建议办公室提供更多的依据。在这种情况下，有些未被采纳的建议，最后可能会被采纳。

（5）重视对职工建议制度的宣传和对建议人的奖励。在柯达公司，每一位新员工都会领到一本关于职工建议制度及其奖励办法的小册子，这本小册子能使职工很快熟悉建议制度的内容。每周的职工周报设有专栏对建议被采纳的情况进行报道。

现代的企业管理已经由过去的一边倒（管理者即是权威，不容许有丝毫置疑）转为互动型管理了。这其中，员工扮演了一个重要的角色。员工拥有无比巨大的潜能，只要发挥得当便能为企业创造更高的效益。而管理者所要做的便是顺应这样的潮流，采取各种手段来引爆员工的潜能。

管理实践

一个合理规范的规章制度，能激起员工内在的潜能，更好地促使企业走向辉煌。

将责任种在脑袋里

让公司问题成为你个人的问题。

——吉姆·基尔特斯

原吉列公司的董事长兼CEO吉姆·基尔特斯是一个善于拯救那些濒于崩溃的企业的行家里手。

当基尔特斯在2001年2月接手时，吉列是一个生产消费品的烂摊子。这家Mach3剃刀、金霸王电池和Oral-B牙刷的制造商曾经业绩辉煌，但却连续14个季度没有盈利。销售收入和盈利多年没有增长，三分之二的产品市场份额下降；这家位于波士顿的公司的股票已从过去的热门变得无人问津，其价值在1997年和2000年间下降了30%。

基尔特斯认为，处理问题的第一步就是：让公司问题成为你个人的问题。到吉列的第一天，他就试着让人们了解这一点。"你必须有责任感，"他安然地坐在位于波士顿培基大厦48层的吉列总部的办公室里这样解释道，他双手交叉放在桌上，神情严肃，让你联想起一位小学校长。"人们总是喜欢说，'是管理层让我这样做的。'好吧，我们全都是管理人员。"

在一次各部门全体负责人参加的会议上，他要求大家举手发表意见："你们中间有多少人认为我们的成本过高？"房间里的每个人都立刻举起手。然后他问，"你们中间有多少人认为自己的部门成本过高？"没有一个人举手。基尔特斯认为，这是"问题"企业经理们的一个普遍回答：每个人都知道存在问题，但是没有人认为是自己的问题，而这就是基尔特斯开始的地方——他要使问题成为他的问题——还有你的问题，如果你还打算保住工作的话。

所有与基尔特斯共事的人都知道，他非常严格，要求非常高。现在和原来的同事们都使用同样的形容词描述他，"要求严格""要求高"和"高效率"等词语一再出现。基尔特斯对预算的审核极其严格，无论一个项目花费500万美元或5000万美元，他都会仔细审查所花的每一分钱；如果你的业绩不能达到他的要求，他就会去找能够达到这一要求的人。

基尔特斯设计出了一个拯救"问题"企业的"蓝图"。基尔特斯坦率地谈论了这一"蓝图"，以及他如何将其应用到吉列。正像他本人承认的那样，这不是尖端的火箭科学，但这也是一个一丝不苟和步步到位的过程。他没有梦想吉列宏伟的远景，而是晚上工作到深夜，考虑卖电池应该使用六只还是八只包装。他没有集结全体员工大讲吉列如何能够改变世界，基尔特斯做的是放幻灯片，与竞争对手比较费用的高低。这并不引人入胜，也没有特别的吸引力，这仅是一个正统的经商之道。而这的确奏效了。

在正式上任六个星期以前——基尔特斯就对吉列以及吉列的问题进行了详细调查。他审查以往的年报、华尔街的研究以及业界的评论。他行程数百英里：与吉列的销售人员一起出差，走访商店，视察仓库和制造厂。他研究吉列的广告，并仔细阅读消费者的反馈。

在拜访吉列的一家大的零售商时，一位客户坦率地告诉他，如果要从吉列那里采购，他会等到每季度结束的那周。"因为我知道，为了成交，吉列在那个时候总会压低价格。"正像基尔特斯发现的那样，吉列的销售人员普遍采用一种称为"快速交易"的有害商业行为。为了完成每季度的定额，他们乐于做任何事情——在交易时提供大幅度的折扣，提供新的产品包装——以及其他的种种优惠。这种做法并不违法，在许多行业也很普遍，但通常不是一种精明的商业行为——所以吉列不应该采取这种做法。

吉列开始了基尔特斯式的严格管理。在最初上任的六个月里，基尔特斯推出评分制度，停止"快速交易"行为，彻底检查公司的财务报告系统。每天早晨，基尔特斯和他的高级管理层都会得到前一天刀片、电池和牙刷销量的准确报告。为了增强财务约束，基尔特斯还实行了他称之为"人头费零增长"政策。

现在各部门负责人必须与同行业中最强的竞争对手在费用方面进行比较，结果，基尔特斯发现公司财务部门的费用比竞争对手高出30%~40%，人力资源部门的费用高出15%~20%。基尔特斯让每个部门自己想办法，将费用降低到行业水平，每个部门都必须做到。

这位首席执行官也彻底检查了吉列的供应链，在他上任前，吉列各部门单独采购厚纸板、铝、钢和塑料等原材料。事实上，直到基尔特斯要求各部门进行统计之前，没有人准确了解公司在全球各地采购的支出（接近几十亿美元），各个部门间缺乏协调。这意味着吉列部门现在统一采购，节省了大约2亿美元的开支。

通过这一系列的改革，吉列公司走出了困境，步入了快速发展的快车道。

"你必须有责任感"，基尔特斯的话语可谓一语中的。工作就意味着责任。在这个世界上，没有不需承担责任的工作，相反，你的职位越高，权力越大，你肩负的责任也就越重。将公司问题视为你个人的问题，你才能全身心地投入到问题的解决当中去，你也才能将问题出色地解决掉。

管理实践

一个合格的管理者首先要有责任心和使命感，既然公司授予了我们职权，我们就要承担起相应的责任，为公司解忧，把公司当作自己的来做。责任感不仅是管理者立足于社会、获得事业成功的必要条件，也是管理者至关重要的人格品质。

第三章　管理不是为了管人，而是为了做事

没有谁是不可替代的

> 将合适的人请上车，不合适的人请下车。
>
> ——詹姆斯·柯林斯

"没有谁是不可替代的"，此话千真万确！只要你不再前进、不再努力、不再奋斗，并有丝毫的懈怠以及自满的情绪，所谓的"长盛不衰"及"不可替代"的神话就会破灭，淘汰出局的命运也会在不远处等着你。

明星球员和场上的主力永远不是一个恒定不变的标准，在看似平静的大牌球星周围时刻潜伏着不安定的因素，随时有被替代和颠覆的隐患。一旦他们狂妄自满，不再去努力，很快就会被场下的虎视眈眈的板凳球员所取代，成为另一类"作壁上观"的板凳球员。因此，想要成为永远的明星，就必须勤奋的苦练、努力学习跟上形势的快速变化，但仅仅做到这一点还不够，应当比周遭更快的变化，才能掌控变化。

素有"世界飞人"之称的阿兰·约翰逊，在2004年雅典奥运会110米栏比赛中，落在了中国年青小将刘翔的后面，与冠军失之交臂，转瞬间使其"不可战胜"的神话被颠覆，这一结果恐怕是约翰逊绝然没有想到的，至少没有想到会这么快，并且还是被一个中国的选手给替代。

在刘翔没有成名之前，阿兰·约翰逊一直是男子110米栏的霸主，是当之无愧的世界第一人。

因在2006年6月的全美锦标赛上受伤，阿兰·约翰逊缺席了几站黄金联赛，也错过了在洛桑与刘翔一决高下的机会。

但35岁的美国老将并不服老，他复出后，先是摘得了黄金联赛布鲁塞尔站的桂冠，接着又赢得了萨格勒布大奖赛的金牌。这位老栏王随后更是焕发了"第二春"，虽然在斯图加特的田联总决赛上负于刘翔，仅获得一枚铜牌，但13秒01的成绩还是可圈可点。

八天过后，阿兰·约翰逊又与刘翔一起转战雅典，争夺第十届世界杯。正当人们将目光一起集中在刘翔和新秀罗伯斯身上时，阿兰·约翰逊突然杀出。他凭借着出色的起跑和良好的栏间技术力压风头正劲的刘翔，以个人职业生涯第五好成绩12秒96夺魁，也完成了自己的心愿。

如果说约翰逊没有努力争取，那对他来说是不公平的，糟糕的是，尽管他一刻都没有松懈，还是被对手超越了，岂不更可怕？为什么会这样呢？很显然，他们在前进，对手也没有睡大觉，而且正以他们为标杆，以他们拥有的荣誉为主攻目标，并向它奋力冲刺，这才有了颠覆王者之举。而要稳坐冠军之位更加的不易。因为无数对手正虎视眈眈地盯着站在最高处的那个目标！

所以，在拥有的成绩面前，我们不能止步不前。过去的日子已经一去不复返，我们所处的行业正在飞速地发展，竞争对手正不断侵蚀我们的市场份额，客户将重新评估整体信息技术需求，行业利润水平也将持续下降。

胜利就在我们眼前，道路就在自己的脚下……面对这样的成绩，让我们继续一往无前地工作，因为一切才刚刚开始！

事实上，所谓的"无名小卒和板凳球员"就是明星球员潜在的挑战者和未来的替代者，就是正在崛起的未来之星。只要他们勤奋苦练，不断提高自己的技术和战术水平，迟早会成长为光芒四射的大牌球星和场上主力。

球队中的无名小卒和板凳球员，大多数是正在接受训练的年轻选手，他们更渴望成功，更渴望被人认可，对机会他们也会更加的珍惜。在训练的时候，他们往往表现得更加勇猛顽强、更加充满斗志和激情，也极具创新与活力。他们往往带着犀利而饥渴的眼光望着主力队员在那里厮杀拼抢，跃跃欲试地等待着自己一展身手的时候。只要逮到上场的机会，他们就会不顾一切地往前冲，把自己的力量发挥到100%。试想一想，有这样一群随时想取代明星位置的挑战者存在，大腕球星还能掉以轻心、麻痹大意吗？

实际上，不仅仅是显赫的地位会被替代，已经坐稳的头把交椅也会在转眼间易主，你的优势、你曾经创造的辉煌成绩同样会被一个个对手刷新、再刷新，超越、再超越。

由此可见，辉煌和成功永远只属于过去，只代表你上一个赛季，或上一个阶段的水平和成绩，只代表你曾经为之努力而获得的荣誉和奖赏，并不能保证你在下一场比赛，或下一个阶段的竞争中依然取胜。

管理实践

要想保有曾经的辉煌，并始终雄踞排行榜首位，就必须不断提升和完善自我，不断刷新自己以往的成绩，不断挑战自我和超越自我。因为你不超越自己，对手就会超越你！你不力争做到更好，对手就会从背后追上你，并用行动告诉你："瞧我的，我能做得更好！"而把你从高高的宝座上拉下来。

以工作业绩作为提拔员工的标准

薪酬激励能够从多角度激发员工强烈的工作欲望，成为员工全身心投入工作的主要动力之一。

——大卫·伯恩

　　恰当、有效的激励机制，是提高员工积极性、促进企业工作效率提高的手段之一。给员工以晋升的机会，就是其中一个不可或缺的激励因素。它带给员工的不仅仅是一份更得体的薪水和一张更宽阔的办公桌，它同时还表明了一种认可、一种身份、一种荣誉和尊敬，它为员工带来的是满足与责任。因此提升在任何时候都具有强大的激励力和凝聚力。它使人自信，主动追求卓越；使人充分发挥潜在的能力，处于持续不断地发展过程中。

　　但若按资历提拔不但不能鼓励员工争创佳绩，反而会养成他们坐等观望的态度。这会降低晋升的激励作用，甚至产生负面效应，打击员工的工作士气。最好的方法是"通过衡量员工的业绩去任用"。事实表明，用员工的个人成就决定员工的提拔升迁，将会更有效地激励员工，培养员工向优秀员工看齐的企业精神。

　　"业绩决定晋升"，固然会给员工带来一定的工作压力，但重要的是它把握在员工的手中。拥有了晋升主动权的员工可以直观地看到自己努力与进步的轨道，让他们深切感受到赢得胜利的悸动。这一切均可产生强大的激励力，促使员工更加努力地工作，使劳动生产率达到最大化。

在美国施乐公司，为了促使员工努力工作，管理者在"提升员工"上狠下工夫。他们首先根据员工为公司创造利润的多少，将员工分为三类：工作模范，能胜任工作和需要督促工作的员工。员工要想被提升到公司最高层的领导岗位上，首先必须让自己的业绩达到工作模范的标准。而要想成为较低层次上的管理者，最起码要达到能胜任工作的底线。至于需要别人督促工作的那一类员工，则根本得不到提升的机会。施乐公司通过这种机制让每个员工明白："只要你能不断创造更好的业绩，永远将有更高的职位等着你。反之亦然。"

比尔·卡特就是"业绩决定晋升"的受益者。初进施乐公司时，他只是一名普通的推销人员，但他工作积极勤奋并善于思考。为了推销更多的产品，他让妻子在他的车里放上一大罐柠檬汁和一些面包，这样他可以一天不停地在外面奔跑销售，而不必回家吃饭。卡特有自己的推销策略。他认为，裤子右口袋处常有磨损的推销人员绝不可能取得成功。因为这说明他在同客户握手之前，总要在裤子上将手中的汗擦掉，这是缺乏自信的表现。而推销人员要想成功必须具备自信。

卡特靠自己超人的智慧和吃苦耐劳的精神，为公司销售了大量的产品，销售业绩一度高居公司榜首。为了鼓励卡特再接再厉，获得更好的成绩，公司将他提拔为销售部经理。迅速地提升，使卡特对工作充满了更大的热情和干劲。即使在街道上散步，他也会观察两旁的建筑群，思考如何使每一幢建筑里的公司，都成为施乐复印机的用户。于是他一再被提拔，最终被提升为负责全国销售业务的经理。事实还证明，"以业绩决定晋升"，也是留住优秀员工，让人才为公司效力的最大原动力。

因为人才在工作中不只满足于工作本身，更强调自我的体现。这个道理虽然简单明了，可是许多管理者往往做不到。重要的是他们常跟着感觉走，被表面的现象欺骗，以致失去了判断力。在很多时候，他们提升一个人，是因为这个人与自己投脾气。

若管理者是快刀斩乱麻的人，他就愿意提升那些干脆利落的员工；若管理者是个十分稳当、凡事慢三拍的人，就乐意提升性格优柔寡断、小心谨慎的员工；管理者若爱出风头、讲排场，就不喜欢那些踏实做事的人。这是晋升的一个误区。

工作一段时间后，被雇用的人才掌握了大量的工作经验，轻而易举地就能把工作做好。这时，他的工作能力与现有的位置已极不相称，晋升是解决这个问题的有效手段，通过晋升可以把人才的创造力长久地保持。可惜的是，很多管理者常常忽视了这一现象的存在。结果人才因能力被束缚而备受压抑，工作热情逐渐降低，失去了原有的生气和活力。

弗兰克是一家跨国集团的副总裁。在一次到加州分公司视察时，弗兰克发现那里的销售经理科尔曼是个难得的人才，立即将他调到总部，担任总部销售科经理助理。弗兰克知道，以科尔曼的才华来讲，这个位置有点大材小用。他打算让科尔曼先熟悉一下总部的销售工作，然后再另行安排工作。没想到一个月后，弗兰克被调任到某亚洲大国的分部，全权负责那里的工作。弗兰克在那里一干就是五年。五年后，弗兰克再次回到总部。他记起自己一度赏识的科尔曼，心想："他现在应该成为某分公司的负责人了吧？"

但一切出乎预料。站在弗兰克面前的科尔曼，已不再是充满激情和活力的年轻人，他变得愤世嫉俗，固执，目中无人。弗兰克难过极了，怎么会这样呢？原来，科尔曼到总部后，很快就展示出他过人的才华，把经理助理的工作干得近乎完美，后来甚至全盘接管了经理的工作。他的上级深感离不开他，丝毫没有让他调走的想法。科尔曼只好停留在经理助理的位置上，多次晋升的机会与他擦肩而过。最初科尔曼没有什么想法，但随着时间的推移，科尔曼对前途失去了信心，对工作也不再认真对待。

从某种程度上讲，如果企业不能为员工提供足够的升迁机会，多半是因为企业整体或某些部门停滞不前的缘故。这时企业必须下定决心采取行动，设计一定的级别和头衔并创造出足够的层次，或者采用"优胜劣汰"等方法腾出位子，以便能让有能力的员工一次又一次地提升。

管理实践

业绩管理是管理者必备的管理能力，业绩考核有助于管理者进行系统性的思考，如工作职责、工作目标、如何评价、如何激励员工发展等一系列内容。管理者进行业绩考核时，一定要从全面出发，做到公平、公正。

Simple

第四章

狮子率领的羊群能打败
绵羊率领的群狮

MANAGEMENT IS MORE

引爆你的团队精神

> 企业的经营，不能只站在一个单纯的角度去看，而要从各个角度分析、观察才行。
>
> ——藤田田

衡量一个企业是否有生命力，是否有发展前景，到底看什么？是看这个企业的理念有多么先进，还是看这个企业的资金有多么雄厚？是看这个企业的科技含量有多高，还是看这个企业拥有多少知识分子，拥有多少高科技人员？

这些都不是决定因素，关键还是要找企业内部的决定因素。而这个决定因素其实就是企业是否有团队精神，企业的下属是否具有团队意识。没有"团队精神"的企业，一切美好的想法和愿望都将成为"零"；没有团队意识的下属，无论学识有多高、技术有多精、学历有多深，都将不会使企业朝着有利的方向发展，一切才华、学识对于这个企业来讲或许都是"零"。

团队精神对任何一个企业组织来讲都是不可缺少的精髓，否则就如同一盘散沙。一根筷子容易弯，十根筷子折不断，这就是团队集合力量的直观表现，也是团队精神的重要之所在。

作为企业的领导，最重要的任务莫过于团队建设。团队建设包含三个步骤，首先，要做到用人之长，发挥每个下属的长处；其次，让下属互相配合，得到一加一大于二的效果；最后也是最重要的，就是打造凝聚力，让团队为了共同的目标而发挥出集体的威力。

如果把企业管理者和足球教练做一个对比，我们就会发现两者在各自组织中所担任的角色有很多相似的地方。比如企业管理者无法做到事必躬亲，足球教练也不会亲自上阵比赛，他们都需要指导、激励他人或者一个团队，通过组织的运行来实现某一目标。组织学专家保罗·赫塞和肯尼思·布兰查德将领导定义为"通过与他人一起工作以实现某个目标"，领导力权威约翰·科特也曾指出，领导是"通过一些不易察觉的方法，鼓动一群人朝某个目标努力的过程"。因此，我们可以看到，一个足球教练的所作所为完全符合领导的定义，只是其目标、团队和手段更为特殊化；而一个企业的领导者的存在意义，正如一个足球教练，无非是让他的团队团结一致，不断进取。

我们强调"团队精神"的重要性，并非否定那些先进的企业理念，雄厚的资金基础，高科技的含量和知识的重要性。但是，我们必须要清楚地认识到，先进的理念固然重要，如果贯彻不下去，没有会接受的下属，那就等于零；雄厚的资金固然需要，如果落到贪官或者私心太重的领导、下属手中，得不到合理的运用，就像养了一群会把企业掏空的硕鼠；科技含量再高、知识分子再多，如果你做你的、我做我的，才能不去发挥、知识不去运用，只说不做，整天心思都用在损害企业利益、制造谣言矛盾上，这也就等于零！只有具备了"团队精神"的企业，才会形成一种无形的向心力、凝聚力和塑造力。

一个优秀的团队，可以把企业带到永续经营的高尚境界；一个优秀的团队，可以更好地达成企业的经营和质量方针；一个优秀的团队，是企业战无不胜、走向成功的关键。

管理实践

在现实的企业竞争环境内，我们根本就不可能只凭着个人的力量来大幅地提升企业的竞争力，而团队力量的发挥已成为赢得竞争胜利的必要条件，竞争的优势就在于你比别人更能发挥团队的整体力量。

团队精神是团队稳定的保证

> 让自己成为团队中的一员，并使自己适应公司的价值取向和企业文化的要求。
>
> ——杰克·韦尔奇

现代人偏好独立作业，喜欢在他们自己的时间和空间里，追求有创意的成果，而只有很特别的公司才能赢得现代人的承认和关注。评估一个公司时，首先会看看这个公司是否有明确的使命，因为一个没有使命感的团队不可能生产出有价值的成果。许多人不可能把创意自主性浪费在可能虚掷他们才华的团队上，为了将自我的目标与团队的目标合而为一，团队的目标必须一致、定义明确，这样才可能成功。

团队目标以组织为导向。现代人对团队目标的定义有更高标准的要求。团队目标如果是在没有职员参与的情况下设定的，而又被突然宣布，并且强加在他们身上，那么这个团队目标最好定得非常完美，团队目标最好能提供职员成长和学习的空间，让他们有机会对宝贵的最后成果有所贡献。因为团队目标是他们工作价值的唯一参考点。

有的员工指出："我们毫无团队精神可言，因为我们根本没有教练，因此也没有统一的使命感及目标。如果大家可以一起为共同目标努力，感觉一定很棒。可是没有人领导我们，所以大家要不就放弃，要不就是只为自己努力。在这样的情况下，成果永远都是不尽人意的。"

有的员工指出："真正的转折点是：我开始觉得我只是为公司工作，却不是公司的一分子。管理阶层完全未征询我们的看法、没有问我们的意见、没有解释发生了什么事或是变动的原因，便把每个人的工作做了一番重组。我们完全不被当作公司的一员，这对士气打击很大，每个人的生产力也大为降低。以我为例，我本来非常努力，常常加班，为工作付出许多心力。但是现在，我们对工作完全无法控制，把工作做好的希望破灭，而工作的成功与否也不再是我的问题了。"

对于许多员工来说，坚持制订工作议程和工作目标却不提供必要领导以支援他们这些工作和目标的管理者，令他们感到失望。他们的创造自主性受到压抑，大量精力平白浪费在没有方向感的团队里，最终他们只好失望地离开。

那么，如何培养团队精神呢？

传统的组织管理模式和团队协作模式最大的区别在于：团队更加强团队中个人的创造性发挥和团队整体的协同工作。如何协调个人成长与团队成长的关系，使他们能够相互作用、共同发展，这是一个值得讨论的话题。

团队精神应包含以下方面的内容：

（1）员工对团队的高度忠诚。

成员对团队有着强烈的归属感、一体感，强烈地感受到自己是团队的一员，绝不允许有损害团队利益的事情发生，并且极具团队荣誉感。

（2）团队成员相互尊重。

这包括两方面的意思：一是特定团队内部的每个成员间能够相互尊重，彼此理解；二是团队的领袖或团队的管理者能够为团队创造一种相互尊重的氛围，确保团队成员有一种完成工作的自信心。人们只有相互尊重彼此的技术和能力，尊重彼此的意见和观点，尊重彼此对团队的全部贡献，团队共同的工作才能比这些人单独工作更有效率。

（3）团队充满活力。

一个团队是否充满活力，我们可以从三方面看出来，这三个方面也是管理者要注意的地方。

主动精神。团队是否有创造性的想法？是否积极思考、寻求问题的解决方案？能否发现机会、敢冒风险？团队是否能提供团队成员挑战自我、实现自我的机会？

热情。大家对共同工作满意的程度如何？是否受工作的鼓舞？想干出成就吗？成功对大家有无激励？

关系。团队成员能愉悦相处并享受着作为团队一员的乐趣吗？团队内有幽默的氛围吗？成员之间是否能共担风险？

那么，作为团队中的一员，我们应该从哪几个方面来培养自己的团队合作能力呢？

（1）寻找团队积极的品质。

在一个团队中，每个成员的优缺点都不尽相同。你应该去寻找团队成员积极的品质，并且学习他，让你自己的缺点在团队合作中被"消灭"。团队强调的是协同工作，较少有命令指示，所以团队的工作气氛很重要，它直接影响团队的工作效率。如果团队的每位成员，都去积极寻找其他成员的积极品质，那么团队的协作就会变得很顺畅，团队整体的工作效率就会提高。

（2）对别人寄予希望。

每个人都有被别人重视的需要，特别是那些具有创造性思维的知识型员工更是如此。有时一句小小的鼓励和赞许就可以使他释放出无限的工作热情。并且，当你对别人寄予希望时，别人也同样会对你寄予希望。

（3）时常检查自己的缺点。

你应该时常地检查一下自己的缺点，比如自己是不是还是对人那么冷漠，或者还是那么言辞犀利。

这些缺点在单兵作战时可能还能被人忍受，但在团队合作中就会成为你进一步成长的障碍。团队工作中需要成员一起不断地讨论。如果你固执己见，无法听取他人的意见或无法和他人达成一致，团队的工作就无法进展下去。

团队的效率在于配合的默契，如果达不成这种默契，团队合作可能是不成功的。如果你意识到了自己的缺点，不妨就在某次讨论中将它坦诚地讲出来，承认自己的缺点，让大家共同帮助你改进。当然，承认自己的缺点可能会让人尴尬，但你不必担心别人的嘲笑，你只会得到同伴的理解和帮助。

（4）让别人喜欢你。

你的工作需要大家的支持和认可，而不是反对。所以你必须让大家喜欢你。除了和大家一起工作外，还应该尽量和大家一起去参加各种活动，或者礼貌地关心一下大家的生活。总之，要使大家觉得，你不仅是他们好同事，还是他们的好朋友。

（5）保持足够的谦虚。

团队中的任何一位成员都可能是某个领域的专家，所以你必须保持足够的谦虚。任何人都不喜欢骄傲自大的人，这种人在团队合作中也不会被大家认可。你可能会觉得某个方面他人不如你，但你更应该将自己的注意力放在他人的强项上，只有这样才能看到自己的肤浅和无知。谦虚会让你看到自己的短处，这种压力会促使你在团队中不断地进步。

管理实践

团队精神对现代企业管理尤为重要，管理者只有激发员工的团队精神，维持整支管理队伍的团结合作，才能保持整支队伍的精干统一，最大限度地发挥团队的整体优势。

和谐与制衡是管理的基本目标

> 对于管理的所有职能来说，平衡原则是普遍适用的。
>
> ——哈罗德·孔茨

　　管理有两个基本目标，一个是和谐，一个是制衡。使员工在和谐中不徇私，在相互竞争、牵制和监督中不损和谐。这是经营管理的最高境界。

　　公司内部的和谐一致，是公司发展的基本条件。这里所说的和谐，是指在管理者制定的目标和原则下，各人都有自己应负的责任，都有自己应守的立场，各人以协调、合作的精神去完成自己的任务。

　　员工彼此各干各的，谁也不管谁，这固然有悖和谐，但如果大家都是老好人，有意见不肯讲，不肯得罪人，大家表面上和和气气，实际上彼此和稀泥，这也不是和谐的本意。

　　还有一种情况，有的人彼此私交不错，凡事都能互相包涵，你拜托我做的事不管对不对，碍于面子不好意思拒绝。我请你帮忙，即使对公司不利，你也不能拆我台。他们之间够"和谐"了，可是这比老好人或者彼此冲突更糟。

　　如果员工彼此不合作，管理者一眼就可以看出来，并马上调解，促使他们协调，如果是老好人，管理者也能发觉，个别做工作。唯独对那些为了私交连原则都可以牺牲的人，管理者不容易看出来，他们之间的"和谐"，是对公司利益的潜在威胁。

当然，想使所有的员工彼此之间都毫无芥蒂，相处得如兄弟一样这是根本不可能的事。身为管理者大可不必为这种事费心，这是很正常的现象，只要每个人都能为整体目标努力工作，你所要求的和谐理想就达到了。何况，公司所需要的和谐，是在不同中求统一。每个部门或岗位，为了完成任务，在做法上也许彼此有利害冲突，或者有意见分歧，但这些分歧和冲突，是在完成任务这个总目标之下产生的，不是为私而是为公，这就需要管理者的协调。虽然各部门的工作方法或许不同，但为公司发展的想法应该是一致的。

事实上，企业设有不同部门、不同岗位，除了有专职专责的意义之外，也具有相互监督、制衡的作用，其目的是使任何人、任何部门都不能随心所欲，为所欲为。因为公司是个有敏感反应的有机体，这些都会提醒管理者及时处理。

"制衡"还有另外一些作用，那就是平衡员工的情绪，激励员工的进取心。

例如，公司要提拔一个人，按一般人的想法应该提升甲，但管理者有自己的考虑，结果提升了乙。甲当然心理不是滋味，这时你为了平衡甲的情绪，应该想办法在其他方面给他一些补偿，使甲觉得你不是不重视他，从而打消他心中的不满情绪。

再如有些员工骄气太盛，一受到重视，就目中无人，不可一世。这种人如果不给他一点磨炼和挫折，由他的个性发展下去，势必会影响公司的整体发展。因为管理者对他好，他跋扈一点，别人也奈何不得，久而久之自然引起别人的不满，甚至连带对管理者也有了怨气。对这样骄态毕露的员工，一定要找机会挫一挫他的骄气，这不仅是对他的磨炼，也是平复其他员工情绪的平衡艺术，让他们知道你是大公无私的。

有些管理者在人事安排上，也常常暗合制衡作用。例如，同级不同部门的主管，他绝不安排两个非常合得来的人。这看起来好像跟和谐的宗旨相矛盾，实际是和谐的最高运用。一个能力强、驾驭力高超的管理者，决不害怕员工骨干分子之间闹意见，他知道人们之间有意见，自然会为了争取管理者的赏识和重视而竭尽全力运用智慧在工作中表现自己。

相反，两个主管，如果一个太强，一个太弱，也不是好事情，弱的一个只求相安无事，而强的一个为了更多的表现而往往"飞象过河"。一弱一强，失去了平衡，得不到真正的和谐。喜欢趋炎附势的员工自然讨好强的一方，生性耿直的人又自然看不顺眼而满腹牢骚，这样下去哪里还有什么和谐？

因此，公司内部也要有竞争，没有竞争就没有进步，从竞争中求得制衡。当然，这种竞争必须是能力上的竞争、工作业绩的竞争，而绝不是人事上的倾轧。

管理实践

和谐是由于制衡运用得当而产生的，不懂得运用制衡的管理者，公司内永不能求得真正的和谐。就像一台秤，你要随时把不同类型的员工调整到他们适当的工作位置，这台秤才能摆平，公司内才能出现平衡、和谐的局面。

让最合适的人做最合适的事

> 让合适的人做合适的事，才能有效发挥人才的价值。
>
> ——大卫·伯恩

管理者并不只是任意挑选想用的人，而在于使自己的下属都能得到适当的重用，发挥最大的能量。

任何人做一件工作，都应该仔细考虑：自己能干什么？自己适合干什么？选择国企还是外企，是大公司还是中小企业？这都要因人而定。如有的人在大公司很称职，有的人在中小企业反而会有更好的发挥，能够获得足够的经验，变得日趋成熟。

人生一世，理想和希望是必需的，欲望和野心也是可以有的，但却要控制，不能任其膨胀。实际上，欲望和希望、野心和理想仅是一步之隔，超越了，就可能转化。因此，即便是在构筑理想和希望之时，也要踏实一些。

松下幸之助认为，不为名利所动，在适合自己的岗位上工作，才是人生的真正乐趣。倘若为名利地位而去干那些不适合自己的工作，必然惨遭失败，从而剥夺了自己的工作乐趣，也会给社会带来痛苦。他认为年轻人抱着理想或希望并非不可，但对个人的欲念则要给以某种程度的抑制。什么样的人适合担当领导职务，哪些人又不适合担任领导职务呢？松下积累了数十年的经验告诉我们一个用人的基本原则——适才适用。小材大用，大材小用，都不是理想的用人准则，唯有适才适用，才能使人发挥最大的能量。另外，适才适用的另一层涵义是，适合组织人事工作的，不能让他搞营销；适合钻研技术的，不能让他搞行政，也就是说，才能和职务必须相适应。

但是，鉴于日本论资排辈的传统习惯的影响，松下幸之助认为依上述原则的提拔也不应该草率。因此，在强调适才适用的同时，也要考虑按年资考绩的提升，即把提升与服务时间的长短挂起钩来。和年轻人比较起来，年长者经验充足，他们的年资和经验这两项，很容易受到年轻人的爱戴和拥护，所以对公司的业务也是大有助益的。

年资考绩和适才适用，各有优缺点，怎样协调二者呢？松下的经验告诉了我们这样一个比例，即在提升的时候，考虑的因素中年资占70%，才干占30%，这样才比较合适。如果是相反，就可能因经验不足而闹出笑话来。

年资、才干的比例之和是100%，但是，提拔一个人的时候，并不一定要看100%的把握。因此，有时候要抱着"为所当为"的大无畏气概为公司的前途和业绩而冒一些险。松下就实施了这样的制度，他说："如果确信某人60%的能力，便可以试着提拔到更高一级的职务。其中这60%是判断，其余40%是下赌注。应该注意到的是，有些人看起来只有60分，但由于公司的信赖和支持，往往能极其出色地完成工作"。

松下说："对于有功者在公司的任职，要非常注意。一般来说，对有功者应给以'俸禄'。"在公司也就是要给予奖金。对有功者给以高职的回报是错误的，高职应与高能力配合，如果不是这样，结果是显而易见的。任何一个经营者都不能囿于成见和习惯势力的压迫，而委高职于才能平平的工匠。

松下明智地看到了年轻人的力量，主张"实力胜于资历""让年轻人任高职"。之所以有这样的主张，是基于生理的、社会的基础。松下认为，一个人，30岁是体力的顶峰时期，智力则在40岁时最高，过了这个阶段，智力、体力就会下降，慢慢地走下坡路。尽管也有例外，但大体情况如此。因此，职位、责任，都应与此相适应，才是合乎规律的。

松下提出的"实力"概念，是很有意味的。他认为，有实力，不仅要能知，而且更要能行，这才是实力的象征。阅历、经验，当然是年长者多一些，但这并不等于"实力"，老年人也许能知，但往往力不从心，所以，未必能行。相比较来说，还是三四十岁的人更具实力。有实力的人，当然应该委以重任。

同样，创造也是离不开年轻人的，这是与人在各年龄段的生活观念相联系的。人的眼光也有年龄的区别：青年人向前看，中年人四周看，老年人回头看。因此，老年人易于保守，给他们创新的任务显然是不合适的，这项使命应该放在年轻人的肩上。

但是，根深蒂固的东方文化传统，并不轻易容许年轻人脱颖而出。松下深知此点，因此，他有一个缓冲的办法，那就是经常听取年轻人的意见。松下在决定一件事的时候，往往要吸取年轻人的意见，亲自向他们问询。平常，年轻人直接把自己的意见讲出来，正确并富有建设性，但会因为人微言轻而不被采纳；但如果公司首领征求他们的意见，分量就大不一样。这就是巧妙的领导艺术，松下即很看重和欣赏这种技巧。他认为年长的企业领导，应该吸取年轻人的智慧，巧妙地推进工作。

管理实践

管理者要驾驭人才，就要准确地识别人才，合理使用人才。大材大用，小材大用，都不合适宜。唯有适才适用才是各级各项工作层层推进的重要保证。

没有不称职的人，
只有不合适的职位

> 将错误的人安排在错误的职位上，就是将一个障碍物放在企业成功的道路上。
>
> ——彼得·杜拉克

古人云："为政之要，唯在用人。"古今中外，大到一个国家，小到一个企业，兴衰成败的关键均在于用人。当今的市场竞争集中地表现为人才的竞争，所以大家都千方百计地吸引人才，重用人才，而且不同的企业都有不同的用人之道。管理大师杜拉克认为，有效的管理者在用人所长的同时，必须容人所短。因为每个人都有自己的优缺点，有效的管理就是要用人的优点，但用人优点的同时，必须要接受他的缺点。

有些企业或许没有海尔那么多人才，完全靠"赛马"选人才不具备条件，完全靠"相马"选人才不科学，而且还不可能引进很多高水平的人才，所以像这样的企业必须从现有的人才资源出发，选择适合企业实际情况的用人之道，这就是"让合适的人做合适的事"。杜拉克认为，适合本企业实际情况的用人之道就是最好的用人之道。

人各有所长，也各有所短，在世界上全身都是长处或者都是短处的人是没有的。杜拉克的用人理念就是要人尽其才，才尽其用，用其所长，尽其所力，用得"合适"就是最佳的状态。

清朝的顾嗣协写过这样一首诗："骏马能历险，力田不如牛，坚车能载重，渡河不如舟，舍长以就短，智者难为谋，生材贵适用，慎勿多苛求。"他告诉后人，用人要扬其长而避其短，根据人才的能力任用他到恰当的合适的职位上。

刘邦手下有三杰，他们分别是张良、萧何和韩信。张良有谋划才能，萧何有管理组织才能，韩信有统率千军克敌制胜的军事才能。刘邦根据三杰各自的能力和特长而分别任其为谋士、丞相和大将，达到了人尽其才，适才所用的目的。

松下幸之助说："关键并不在于用这个人而不用那个人，而往往在于怎样使自己的每个下属都能得到最恰当的运用，发挥最大的功能。"因此，企业要发展，就必须思贤若渴，重金聘用人才，但是作为管理者，首先要考虑的是将企业中的员工尽可能地安排到合适的岗位，将他们的潜能发挥出来。即使是招募的人才，管理者也要考虑是否安排到了合适的、能发挥其智慧和才能的职位上。解决不好这一问题，不仅会造成企业巨大的资源浪费，还将会产生不良后果。

要做到人尽其才，首先必须知人识人。知人识人是用人的前提条件，只有先知先识，然后才能用。知人是一件相当困难的事情，即便是"智慧化身"的诸葛孔明先生也曾因未能真正地认知马谡而兵败街亭，因为马谡有出谋划策之才，却无统兵作战之能。因此老子说："知人者智。"识别人才、了解人才是智慧的表现。

要做到人尽其才，还必须互补优势，即根据人才的性格、兴趣、能力、优长及短处，恰当地匹配人才。一个企业的效能，固然决定于人才的素质，更有赖于人才整体结构的合理匹配。合理的人才结构不仅可以实现能力的简单相加和集中，更重要的是能够使人才各扬其长，互补其短，产生"1+1>2"的合力。

总而言之，在用人时，管理者必须考虑员工之间的相互配合，如此才能发挥个人的聪明才智，这也是人事管理上的金玉良言。管理者应该在这微妙的高明之处孜孜以求，恰当地匹配人才，达到优化互补的效果。

作为一个企业的管理者，首先，需要做到的就是知人善任，用人所长。在企业管理中，常常有着这样的情况：一个人放在某个位置就工作得很好，而放在另一位置则不行。这是正常的，因为每个人都不可能是全才，就连那些管理大师也不是万能的，更何况普通人？所以管理者必须能够了解人才，给他合适的职位。其次，要敢于打破论资排辈的常规，不搞经验之谈。最后，要做到用人所长，唯才是举。黄金无足赤，白璧有微瑕。人才之所以是人才，不是因为他们没有缺点和弱点，而是因为他们在某些方面出类拔萃。

高明的管理者不在于自己有什么样的才能，关键在于自己是否会用人。在用人高手的眼中，没有不称职的人，只有不适合的职位。每个人都有自己的特点，给他一个合适的职位，他就会展示出才能。

管理实践

管理者要量才使用。根据每个人的才能和特点来分配适当的工作，才能有效地发挥他们的作用，并在事业上取得成就。

给下属一个自由的空间

> 我的工作是为最优秀的职员提供最广阔的机会，同时将资金做最合理的分配，投入到最合适的地方去。这就是全部——传达思想，分配资源，然后让开道路。
>
> ——杰克·韦尔奇

很多人与上司相处时，总会紧张不安。他们总想让上司高兴却不知道怎样去做。而当上司离开时，他们反倒能全身心地投入到工作之中，并能从中自娱自乐。没有管理者在场，他们反而能更好地做出决定。

作为管理者，你可以离开员工一段时间，尽量给他们留出一些自我发展的空间。这样当你回来时，你会吃惊地发现员工在你不在的时候取得了多么令人满意的成绩。让员工自由发挥是管理者走向成功的一种有效的方式。如果你已经能够培养员工按照你所构想的方式去做；如果你让他们真正承担起自己的责任；如果你能让他们自行其是。那么，当你离开的时候，所有的一切都可以圆满地完成。

让员工拥有自己的头脑，其前提是你必须充分相信和认可他们。你给予他们的自由空间越大，他们所做的事情就越容易成功。

我们倡导管理者要善于授权，给下属一个尽情发展的空间，让下属人尽其才。人才最大的价值体现在被任用的过程中，因此，用才是否得当成为事业成败的关键。想成大事必须懂得分层负责，不要事必躬亲，只指示基本方针，其余都分给各层独立负责，自主发挥。在委任与控制的艺术上，松下幸之助认为：看重下属的长处，大胆地把工作交给下属，才是造就人才的康庄大道，也才能获得卓越成效。管理者必须具有这种气度，再配合以适当的技巧，让被委任者既能发挥主观能动性，又不至于完全脱离控制，如此便能调动下属的积极性和创造性。

有一段时间，盛田昭夫几乎每个晚上都和年轻的中下级主管一起吃晚饭，有说有笑，一直聊到很晚。

在聊天的过程中，盛田昭夫注意到一个小伙子心神不定，闷闷不乐，就走上前去耐心询问，叫他把心里话讲出来听一听。

小伙子看了看盛田昭夫，喝了杯酒后，终于开口了："在我加入索尼公司以前，我一直以为这是一家了不起的公司，也是我唯一想进入的公司。但是由于我职位低下，我只觉得是为某某上司卖命，而不是为索尼公司工作，这样，我的上司也就成了公司，他也就代表了公司本身。这本来也没什么，但偏偏这人能力太差，我所做的每一件事，或者每一个建议，都要由他来决定。我因此对自己在索尼公司的前途感到失望。"

这番话深深发触动了盛田昭夫，表面看来，公司已相当融洽，实际上却不是这样，他觉得自己必须及时了解这些藏在内心深处的问题，才能减轻许多员工心里的烦恼。

于是，盛田昭夫下令发行一份公司内部周刊，并在上面刊登每个单位或部门现有的空缺职位。这样一来，员工们都能够悄悄试探公司内部其他有可能的工作机会。公司也有意让员工有机会每两年调动一次岗位，到其他相关的岗位或新的岗位去一展身手，公司希望借此给那些有闯劲、期望一试的员工提供及时的内部调动机会，使他们重新找到适合自己的工作。

这样一来，员工们通常都有机会找到自己更满意的工作，而人事部门也可以根据员工们的调动情况，摸测出具体部门管理上的潜在问题。凡是管理不当的主管，公司就将他调到另外的下属少的岗位，减少上下级的冲突。

通过内部职位流动，索尼公司也能发现一些更低职位的员工，对其他工作十分称职。过去，公司在征求打字员、司机或守卫员时，不少人因急于找工作，没考虑仔细就前来应征。人事部门或其他主管也难以彻底了解其潜在能力，也就难以每次都量才使用。

盛田昭夫觉得有了这些机会后，员工自己也要主动寻找适合自己的工作。他对一位埋怨上司的员工说："如果你对工作不满意，你有权利去找一个感觉更愉快的工作，为什么不去呢？"

盛田昭夫想，如果人能选择到自己喜欢做的事，就会精神振奋，更加投入，这起码在索尼公司已是客观存在的事实。索尼公司有多个工作岗位，同样有多个员工，没有理由不替他们安排更适合的工作。

作为管理者，你必须让员工自己安排计划，不要任何事情都过问，让员工拥有自己的头脑，重要的是弄清员工获得什么结果与如何去获取结果的区别。更重要的是，同时应给予员工足够的自由发挥的空间，让他们自我决定怎样才能最好地实现你所要求他们达到的结果。作为管理者，你不要过多干涉员工的工作，放手让他们自己去做。只有在一个目标明确，又有充分自由的空间，员工才有可能最大限度地发挥自己的才智。

因此，管理者要给下属一定的自由空间，使其具有独立做主的自由，能自己做出决定，能够激发他们工作的使命感。

管理实践

作为上司，必须对自己的职位职责有一个明确的定位，按照责任大小把工作分类排队，自己只做最重要的工作，其他的都可以让下属们去做，要让他们自由支配时间。给下属一个自由的空间，他们会取得更好的成绩。

第四章 狮子率领的羊群能打败绵羊率领的群狮

上下相互信任是管理的基础

> 信任是公司真正的成功之源。
>
> ——道格拉斯·麦格雷戈

尽管许多管理者都懂得去了解员工们对企业文化的需求，但现实中却往往存在种种难以解决的问题。由于长期传统的、等级性很强的管理文化的影响，员工们往往会对这样的领导人产生疑惑，甚至是敌意。因此，若要在组织内建立有效的沟通机制，以求了解员工对组织文化的需求，就必须首先达到相互信任。

一个组织的成员如果互相信任，上级信任下级、下级也信任上级，都在信任的氛围中浸泡着，每一个人对另外一个人所做的事都十分信任，那么，这个组织由此产生的强大的合力，将会使其他组织无力匹敌。

用人不疑，是一条重要的用人原则。中国古代有这样一个故事：战国时期魏国大将军乐羊率兵征讨外国，得胜回朝后，魏国君主魏文侯并没有赏赐很多的金银财宝，只是交给乐羊一只盒子。乐羊原以为是非常值钱的珠宝，可回家打开一看，原来是许多大臣写给君主的奏章和信件。原来乐羊在率兵出征期间，国内有许多仇家诬告他拥兵自重，企图造反。战争期间，乐羊与敌军相持不下，国君曾下令退军，可是乐羊并未从命，而是坚持战斗，终于大获全胜。在这期间，各种攻击乐羊的奏章更如雪片般飞来，但魏文侯不为所动，将这些奏章束之高阁，等乐羊回师，一齐交给了他。乐羊感动地说："君王的信任比珠宝更贵重。"

信任下属，首先要相信下属的能力。生意的成功与否，在很大程度上，取决于管理者用人的态度。试想一下，使用一个人，又怀疑他，对其不放心，是一种什么局面？在你的公司里，如果下属得不到你起码的信任，其工作状态会怎样？从事管理、销售、科研角色的下属，容易遭人非议，管理者要谨慎对待各方面的反映，不因少数人的流言蜚语而左右摇摆，不因下属的小节而止信生疑，更不宜捕风捉影，无端地怀疑，要相信他们能够完成任务。

在新的市场环境中，相互信任是必需的，没有它，在竞争中就无法获胜。但是，在信任变得日益重要的竞争环境中，维持信任却越来越困难。我们又如何在竞争中摆脱传统管理文化的束缚，从而达到相互信任呢？

信任对我们的成效的影响有四个不同的方面。

组织成功：信任对公司成效的影响是，信任使个人、团队和群体能够为实现更广阔范围内的战略目标而共同行动。

团队效率：为了实现共同的目标，需要团队成员有相互协调的能力。在成效显著的团队中信任不可或缺。

人与人之间的合作：与他人直接合作，需要我们能够相互充分信任，实现信息共享，团结在共同的目标下，承担必要的风险，有效地摆脱困境。

个人信用：人们要想获得完成他们的工作所需的自主权、资源和他人的支持，就需要获得他人的信任。对组织的成员来说是这样，而对管理者来说，这一点就显得更加重要了。人们更愿意支持他们认为值得信任的人。

我们必须明白，信任对获得公司内部信息沟通至关重要。当然，没有信任，根本就无法建立有效沟通，信任是有效沟通的前提。

如果企业上下级之间、员工与员工之间能做到亲密、信任，互相协作，不互相倾轧、拆台，那么，其能动性、创造性很好地发挥出来以后，做事的效率会大大提高。

在没有信任的世界里，每个人都喜欢怀疑一切事物。轻则人们之间会变得冷漠，重则人们会充满恐惧。在没有信任的世界里，管理者会被认为是自谋私利和独断专行之人。几乎没有人愿意听从他人的领导，没有人会相信其他人的能力。在这样的世界里，人们更愿意单独工作或以家庭式的团队工作方式工作，他们担心自己会依赖他们不了解的人。

管理实践

一个人只有在得到一定程度信任的情况下，才能愉快地投入工作，并做出成果。因此，对于管理者来说，在必须注意的诸多事项中，最重要的一点就是要充分信任自己的下属，用信任换取下属的责任感，使之发挥最大潜能。一个上下相互信任的企业，会产生强大的聚合力，从而在激烈的市场竞争中立于不败之地！

知人善任，用其所长

　　如果我们每个人都雇用比我们自己更强的人，我们就能成为巨人公司。

——奥格尔维

　　杜拉克认为，有效的管理者面对人才从来不会这样问："他能跟我合得来吗？"而会问："他贡献了些什么？"也从来不问："他不能做些什么？"而是问："他能做些什么？"所以他们在用人时，用的都是在某一方面有所长的人，而不是在各方面都大致不差的人。

　　管理学有句名言："放错了位置的人才等于垃圾"，只有无能的管理者，没有无用的人才。但是管理者不能把"人皆有才"理解为每个人都具有同样的才能。人的才能不仅有大小高低之分，而且还具有"方向性"，各有各的才能。

　　象棋里用"棋子"的智慧与企业用人的艺术如出一辙，"将、帅"如同企业里的"一把手"居核心地位，"车、马、炮"就是企业里的建设人才，各具特色，各有功用。"士"与"象"毫无攻击力，属于防御型的角色，一般在企业里担当政治工作角色。

　　即便"车、马、炮"再如何神勇，如果"老将"不会合理运用，发挥其潜能，它们也就只能碌碌无为了。因此，领导要善于挑选适合当"车"

的人去做"车"，适合当"马"的人去做"马"，适合当"炮"的人去做
"炮"……战国时期鲁仲连说，让猿猴离开树木跳到水中，当然不如鱼
鳖；要论钻墙跳房，骏马不如狐狸；让勇士抛掉宝剑去拿锄头，必然不如
农夫。他又说："不知人之短，不知人之长，不知人长中之短，不知人短中
之长，则不可以用人，不可以教人。"这也说明了人才使用中扬长避短原
则的必要性和重要性。

管理者也应该根据实际需要和人才特长，把有限的人才进行合理搭
配，用到刀刃上去，做到"智者取其谋，愚者取其力，勇者取其威，怯者
取其慎"；要做到展其所长，兼而用之，发挥出人才的群体效益。所
以，管理者在用人时，既不能因为人有所短而忽略人之所长，也不能因
为"似乎无所短"即认为必有所长。管理者用人应做到："知人善任、用人
所长"。

"知人"是"善任"的前提条件，用好人才，必须首先做到"知
人"。所谓"知人"，不仅应"知"人才的长处和短处；而且要"知"人
才的过去和现在，更要"知"人才的将来。例如，有的人雄才大略，既有
战略眼光，又有组织才能，可放在决策部门担任领导工作；有的人思想活
跃，知识面广，综合能力强，既有真知灼见，又能秉公直言，可担任智囊
参谋部的工作；有的人铁面无私，耿直公正，执法如山，联系群众，可从
事监察工作；有的人社交能力强，适合于采购、推销部门；有的人语言表
达能力强，宜放在宣传教育部门。

所谓"善任"，就是选拔人才加以任用时，要善于发挥人才的长处，
克服其短处。要善于调动人才周围人员的积极性，要善于从各方面为人才
充分发挥作用创造条件，要善于为人才的今后发展打下基础。用人最忌讳
的是勉为其难。人有共性，也有个性，人有能力差异、性格差异、行为差
异。用人所长，被用的人就可大显身手，领导效能也会事半功倍；用人所
短，勉为其难，那实在不是明智之举。"用人如器，各取所长"，只要量
才使用，人才必能各有其为。管理者在用人时要讲究人才群体结构的合理
性、互补性、相容性，讲求用人的效益，要因事设人，不因人设事。"人

多好办事"是小生产的观念,是与现代人才观相悖的。它必将导致机构臃肿,人浮于事,内耗丛生,工作效率低。

美国的罗斯福就是一个非常善于用人的总统,他于1933年执政以后,雷厉风行地推行大规模改良政策,缓解了美国的经济危机,使美国经济走出困境。

在实施新政过程中,他针对当时美国严峻的局势,并不以政见取人,只要有助于恢复经济,无论是持有新思想、新主张的还是具有正统思想的,他都一概将他们吸收到内阁里,从而大大增强了政府的综合决策能力。

罗斯福组织内阁,对内阁成员的任命不拘一格,他任命的内阁成员在工作中都发挥了不可估量的作用。最有影响的是预算局长道格拉斯,他协助罗斯福实行节约政策,干得相当出色,以致罗斯福在就职一个月后就称他为"政府发现的用途很广的最大宝物"。因为道格拉斯把钱袋的绳子抓得很紧,很快他就得到一个美名,叫做"决一死战的预算平衡家"。特格韦尔这时是农业助理部长,可是他提的问题却不局限于农业问题。罗斯福还任命珀金斯小姐为劳工部长,妇女入阁在美国历史上是破天荒的事。珀金斯小姐向罗斯福举荐了出身寒微但有才干的霍普金斯。霍普金斯马上受到了重用,并在未来的岁月中成为罗斯福最忠实、得力的助手。

企业管理者若想发挥人才真正的潜能,就必须向罗斯福学习做到"知人善任、用人所长"。能否做到"知人善任"可以从以下几个方面进行判断。

第一,任用此人是否符合人尽其才的原则,其担子是轻了还是重了?

第二,任用此人是否符合人才群体结构合理论的要求?

第三,此人对面前的工作困难,有无力量克服?困难来自何方?

第四,任用此人是发挥了其长处还是限制了其长处?

第五,此人在这个岗位上能否有所建树?发展趋势如何?

通过反思,企业领导者可以自我检验"知人善任"的程度,或者可以发现用人不当之处。

只有做到知人善任、用其所长，才能发挥人才的潜能，为企业的发展贡献力量。否则，那些人只会成为拖企业后腿的庸才。

管理实践

每个人都是有长处的，管理者要为下属发挥这些特长创造条件。管理者必须重视每个人的积极性，做到人尽其才，使每个人的各种特长都得以运用发挥。

多样化的人才与后备人才的储备

人才无疑是企业最重要的一种资产，尤其在社会变化越来越快，不确定因素越来越多的今天，更是如此。

——莱昂纳多·贝利

对于一个企业来说，主力队员很强大，但"板凳队员"（替补队员）不够"深"（能力不够），一旦主力队员受伤或遇上"多线作战"疲劳时，踢不过一支弱队也就没什么大惊小怪的了。我们通常把这些后备人才称之为企业里的"板凳队员"。

麦当劳，一个家喻户晓的名字，它的服务水平、服务质量让每一个人都佩服得五体投地，它的商业广告涉及到每一个角落，甚至聘用刚刚学会说话的儿童来做广告——一切美好，尽在麦当劳。

麦当劳作为一种时尚也好，一种文化享受也好，它的服务水平、服务标准、服务速度，都体现了高超的组织和管理水平，其所运行的一套有效的人事制度功不可没。

多样化的人才结构是麦当劳普通员工的一大特点，也是麦当劳公司招聘工作中的指导思想之一。正因为如此，麦当劳的职工不同于其他公司。按理说，毕业于饮食服务相关专业的员工应该占大半数，然而实际上只占30%，40%的员工毕业于商学院，其他的则来自在校学生、工程师、教师等。同时，麦当劳公司拥有一支庞大的年轻队伍作为后备军，它主要由大学生组成，他们一边上学，一边利用空闲时间到餐馆打工。这些后备人才将有机会成为麦当劳公司未来的总裁、经理，他们可以根据麦当劳安排的培训计划担任各种职务，并且有可能是担任当地麦当劳经理助理。

多样化的人才组合与庞大的后备力量使人才的培养和提升有极大的选择性，他们一起成为麦当劳管理阶层的稳固基石，不断构造新鲜血液，注入公司中去，为公司赢得更多的利润。

那么怎样才能建立多样化的人才培养和组合呢？当前的劳动力结构在技术与经济发展过程中明显具有多样化的趋势，这是因为经济全球化使当代劳动力结构和劳资关系发生了巨大变化，日益多样化的劳动力结构有利于加速企业创新。因此，管理者在企业内部建立了或正在建立富有弹性的人性化劳动力管理政策与体系。这些政策与管理体系包括弹性的工作时间与排班计划、灵活的财务报销与福利计划、设立符合人才能力的工种和相应的工作环境、给予个人充分发挥潜能的职业机会。

麦当劳在很早就有一套专门用于后备人员的晋升制度。一般人才在麦当劳公司工作6个月以后都会成为麦当劳公司的雇员，一个刚参加工作的出色的年轻人，可以在18个月内当上麦当劳公司的经理，可以在24个月内成为监督管理员。而且，晋升对每个人是公平合理的，既不作特殊规定，也不设典型职业模式，每个人主宰自己的命运。适应快、能力强的人能够迅速掌握各阶段的技术，从而更快地得到晋升。这个制度可以避免滥竽充数，因为每个级别都要经常性地培训，只有获得一定量的必要知识，才能顺利通过此阶段考试。因此，那种公平的竞争、优越的机会吸引着大量有文凭的人才到此施展自己的才华，实现理想。

麦当劳晋升制度的过程是这样的。

首先，必须当4～6个月的实习助理。在此期间，以一个普通班组成员的身份投入到公司各个基层工作岗位，在这些一线工作岗位上，从事助理的工作。学会保持清洁和最佳业务的方法，并依靠自己最直接的实践来积累良好的管理经验，为以后的管理作准备。

第二，4～6个月后在每天规定的一段时间内负责餐饮工作。与做实习助理不同的是，还要承担一部分管理工作，如计划、排班、统计……来展示管理才华。

第三，8～14个月以后成为一级助理，即经理的护卫队。与此同时肩负着更多的责任，并且在餐饮管理的各方面要独当一面，管理经验才能日臻完善。

第四，从此以后，会有一个欢乐的"度假期"，飞往芝加哥汉堡大学进修15天，此时可以与全球管理经理畅所欲言，各抒己见、谈笑风生。因为那里是国际培训中心，是理论与实践相结合最完美的地方，当然，如果很留恋这美丽的地方，可别忘了向麦当劳总公司请求，它一定会安排你每年至少一次去美国芝加哥学习。也有可能，很多人讨厌这种循环往复的机械学习，可是麦当劳总公司并不这样认为，"不想当将军的士兵，不是好士兵"。这种最简单的学习，是提高服务水平、服务质量的基础，只有熟练才能生巧。

克里曼·斯通曾经说过："全世界所有员工最大的福利就是培训。"

要使人才培训后不流失，关键要把培训与员工个人的职业生涯发展相结合。

麦当劳的这种人事制度不仅有助于工作人员管理水平的提高，而且可以提高员工的自觉性、积极性、能动性、创造性和企业归属感，来增加企业的产出效益和组织凝聚力，并为企业的长期战略发展培养后备力量，从而使企业长期持续受益，吸引大量有才华的年轻人加盟。

这种人事制度不仅吸收了一般工作人员参与，而且为麦当劳高层管理人才提供了广阔的发展空间，为企业的长期战略发展培养了后备力量，从而使企业长期持续受益。

在麦当劳取得成功的人，都有一个共同的特点：从零开始，脚踏实地，实事求是。炸土豆条、做汉堡包，是最简单的也是使自己走向成功的必经之路，这对于那些在校的大学生来说是不是大材小用呢？用麦当劳总裁的话说：最伟大的人来自最平凡的工作。他们必须懂得：脚踏实地、实事求是、从零做起，是在这一行业中成功的必要条件，如果没有尝试，没有实践，那你又如何以管理者的身份对你的员工进行监督和指导呢？这是管理者最起码的工作。

麦当劳以一流的服务、一流的质量赢得顾客的信赖，以与众不同的人事制度、管理模式，招揽世界各国英才，也培养大批的管理人才，使它的"板凳球员"更有了"深度"。

管理实践

成功和有效的员工培训和培养计划，不仅提高了企业员工素质，丰富了员工的职业技能，而且满足了员工自我实现的需要，从而增强了企业凝聚力，是企业多样化人才战略的强有力武器。无论是多么优秀的员工，企业都负有进行培训和培养的责任。培训和培养不仅仅局限在新员工的岗前培训，主要的重点应当是企业员工的岗位再培训。这不仅能提高员工完成本职工作的技能和知识，同时通过对员工其他技能的培训，对员工潜能的进一步开拓，也为企业的后续发展打下了基础，储备了能量。

做一名大度的管理者

> 摆脱个人好恶，大胆起用与自己非常不同的人，这样的人也许正是公司所需要的。
>
> ——约瑟夫·威尔逊

如果管理者只是能力比别人强，即使他是团队里面最优秀的，也并不足以成为称职的管理者。做一名管理者要能够容纳别人，要有一颗宽广的心。

"海纳百川，有容乃大"。历史上最伟大的君王不是最能干的君王，而都是心胸宽广的君王，能够延揽各式各样的能人谋士，并且能够加以整合，这样才能成为好的领袖。

现代社会中，一些管理者观念陈旧，宁用顺从听话的平庸之辈，也不用稍带棱角而比自己能力强的人，使得一些人才因无用武之地而"远走高飞"。

不能选用比自己强的人很大程度上是因为嫉妒。

春秋战国时，有位著名的军事大师名叫鬼谷子。此人排兵布阵，调兵遣将，如有神助。他有两个得意的学生庞涓和孙膑。庞涓毕业后在魏国当了大将军。后来师弟孙膑投奔庞涓，庞涓发现师弟的能耐比自己还大，于是产生了妒忌心，怕师弟抢走自己的饭碗，不但不重用，反而设计害他，并暗示部下剔去其膝盖骨。后来孙膑设计逃到齐国，协助齐国大将军田忌打败魏兵杀了庞涓。庞涓因气量狭隘，没保住官还丢了小命且落下个千古笑柄。

"敢不敢用比自己强的人？"这恐怕是管理者在用人中对自己最大的

考验，同样也是管理者最容易犯错的地方。

"他都比我强了，那在其他员工眼里，是他管理我，还是我管理他？"某企业管理者直言不讳，这种"武大郎开店——不允许伙计胜过老板"的心态一目了然。这种心态可分析为以下几个方面。

（1）别人强就意味着自己不称职，不称职的管理者会在员工心目中丧失威信，丧失了威信当然做不了管理者。

（2）员工中有人比自己强，那么肯定会对管理者的位置虎视眈眈，早晚想取而代之，又何苦养虎为患呢？

（3）有本事的人都多少有点野心，迟早要另立门户，我干什么给他营造发展的机会，到时给自己树强敌呢？

在这种心态支配下，管理者往往是希望别人拿放大镜来看他，而他自己却用显微镜来看别人。当比管理者强的员工在工作中取得各部门的赞许和支持时，管理者会觉得他们是在树立自己的威信而且是在动摇管理者的最高权力。于是乎，管理者会有意无意地疏远他们、压制他们，从而严重地挫伤这些员工的积极性。

这种"武大郎型"的心态说到底是一种弱者的心态，外表的强硬正透露出内心的虚弱，反映出自信心的极大缺乏。真正的强者，愿意接纳比自己有能力的部下，因为他有信心能控制局面，因为这样的管理者关心的并不是别人对自己是否顺从，他有能力赢得别人真正的尊敬，更因为他看重的是才能，也更关注企业发展的大计。

作为一名管理者，在他管理的群体中，有与自己意见不一致的反对者，不一定是件坏事。相反，从某种意义上讲却是件好事。其一，它可以经常使自己警醒，使自己的言行时刻处在大家的监督之下，从而使自己不犯错误或者少犯错误。其二，如果总是只能听到一种声音、一个调子，就很容易使自己陶醉，滋长骄傲自满、停滞不前的情绪，从而犯经验主义和教条主义、主观主义错误；这样自己所管理的单位也必然是个缺乏生机和活力的群体。因而从这种意义上讲，要正视反对者，还应保护反对者。

古语说："宰相肚里能撑船。"对于具有不同脾气、不同嗜好、不同优缺点的人，管理者要学会去接纳他们，管理者必须具备一颗平常之心。

豁达大度，不小肚鸡肠，"泰山崩于前而不惊，无故加之而不怒"是古人称道的所谓大智大勇。企业的管理者要培养自己具备一种处变不惊的素质，以应付复杂多变的商业环境。对下属既要严格要求，又要适当容忍。必要的时候，要睁只眼、闭只眼。只要不影响企业的重大利益，对一些事情不必去兴师动众地深查深究。"水至清则无鱼，人至察则无徒"。尤其是对下级管理人员，还要适当照顾他们的面子和威信，以便今后更好地办事。

　　在用人的问题上，人尽其才是一种理想境界。它虽不是一蹴而就的事情，却是我们致力追求的目标。这就要求企业管理者在人才使用过程中摒弃杂念，真正做到靠素质和能力用人。广告大师奥格威说过一句话："用人的最大失误就是没有任用比自己高明的人。"为了诠释这一观点，奥格威在每个董事的椅子上放了一个洋娃娃，并请诸位董事打开看。大家依次打开洋娃娃后，发现里边还有一个洋娃娃，再打开，里面又有一个更小的洋娃娃，当打开到最小的洋娃娃时，上面有一张奥格威写的字条："如果你永远聘用不如你的人，我们就会成为侏儒公司。反之，如果你永远聘用比你高明的人，我们就会成为顶天立地的巨人公司。"奥格威的这一用人理念可资借鉴。

管理实践

　　宽容大度是现代管理者健康心理的重要表现，同时也是管理者修养的体现。这种品质反映在管理者身上，就可以像润滑剂一样，使人与人之间的摩擦减少，增强领导者与被领导者之间的团结，提高群体相容水平。宽容是一种心理需要。一个人不管多么高明，有缺点总是在所难免的。因而需要得到领导者的谅解，从而获得一个宽松安定的心理环境。豁达而且大度，需要管理者以爱才、惜才、用才来表现。既要学习别人的长处，补己之短；又要能够宽容别人的短处，扬长避短。当然，宽容大度并不是无原则的迁就与放纵，它是建立在坚持原则的基础之上的。

尊重每一位员工

永远不要对你的员工颐指气使。

——H·罗斯·佩罗特

　　管理者在激励员工时所犯的一些错误，就像用水果去引诱麻雀一样可笑，而管理者自己却浑然不知。激励员工就要给员工最感兴趣的东西，这个要求看似简单实则非常复杂。所以管理者要尝试多种激励方式。

　　长期管理实践证明：尊重是员工最根本的需要。美国加利福尼亚州一家钢铁公司，出现了令人头痛的员工蓄意怠工的问题。老板心急如焚，他又给员工加薪，又给员工授权，可没有产生丝毫激励效果。情急之下，公司老板请来一位专家，让他帮忙解决这个棘手的问题。这位专家来到公司后，不到一个小时就找到了问题的根源。

　　当时，公司的老板对那位专家说："好吧！让我们在厂里转一圈，你就会知道这些肮脏的懒种们出了什么毛病！"听了这话，专家立刻就知道毛病出在哪儿了。

　　他开出的"药方"很简单："你们所需要的，就是把每个男员工当作绅士一样对待，把每个女员工当作女士一样对待。这样做了，你的问题不到一夜就会解决。"

　　公司老板对专家的建议半信半疑，甚至不以为然。专家说："诚恳地试上一个星期吧。如果不见效或不能使情况好转，你可以不付给我报酬。"

公司老板点头同意了。

10天以后，该专家收到一张便条，上面写着："万分感谢！你会认不出这个地方了，这儿有了奋发向上的激情，有了和睦共处的新鲜空气。"当然，同时还附上了一张支票。

每一个人都渴望得到他人的尊重。心理专家说：希望得到别人的尊重是我们人类的基本需求之一。员工也希望在工作场所里能获得别人的尊重，他们希望能有人欣赏他们，对他们微笑。一个人不论具有多大的才能，若无法满足其被尊重的欲望，他的工作积极性和创造激情便会被削弱。因此，管理者一定要像尊重专家那样尊重每一个员工，用尊重感染员工、激励员工。

尊重员工，管理者可以解除与员工之间的感情障碍，得到员工的拥戴；员工的被尊重的需求一旦得到满足，精神就受到激励，从内心产生优越感和强大的自驱力，从而高效率地完成任务。如果你自以为是，任意行事，他们则变得唯唯诺诺，这样一来，他们的创造力无从谈起，结果也就可想而知。

满足被尊重的欲望，人的积极性便会被调动起来。因此对管理者而言，要想成功地激励员工，一定要像尊重专家那样尊重每一个员工。令人惋惜的是，许多管理者不是不明白这个道理，就是不愿去正视。在他们的观念中：只有我才是企业的主人，我给你一份工作，你就要好好给我干活。要他们"放下身架""取悦"员工，是一件非常困难的事。无论何时何地，他们总是以高姿态来面对自己的员工。为了提高工作效率，对员工呼来喝去，效率若提不上去便极尽挖苦嘲笑之能。这些过激的举止严重伤害了员工的自尊心，进而产生许多不良影响，比如打击了员工的工作士气和创造力，降低了员工的凝聚力和向心力，产生沟通障碍等，影响公司业务的进展。

要想充分发挥尊重的激励作用，管理者不能只做表面文章，或仅凭一时所需而为。如在企业遭遇危机时，便摆出一副尊重员工的样子，激励员工更好地工作；一旦雨过天晴，则故态复萌，仍旧一副高高在上的样子。被列为美国企业界十大名人之一的IBM创始人沃森常说：作为一个企业家，毫无疑问要考虑利润，但不能将利润看得太重。企业必须自始至终把人放在第一位，尊重公司员工并帮助他们树立自尊的信念和勇气。这便是成功的一半。

美国惠普公司创建于1939年，在全球500家最大工业公司中曾排名第81位。1983年英国女王访美时，曾提出只参观一家公司，这就是惠普公司。惠普的创始人比尔·休利特说："惠普的成功，靠的是'重视人'的宗旨。"这一宗旨的核心就是关怀尊重每一个人，并承认每个人的成就，使每个人的尊严和价值得到认可。许多年前，惠普的最高层管理者戴维·帕卡德在一位工厂经理的陪同下巡视车间，巡视中他们看到一位机械技工正在磨光一个塑胶模具，于是停下脚步。他用了很长时间才磨光它，正准备做最后的修整。戴维·帕卡德不假思索地伸出手，用手指搓了搓那个模具。机械技工见状立刻说道："把你的手指头拿开，别碰我的模子！"那位经理马上提醒他："你知道这个人是谁吗？"机械技工当即反驳道："我管他是谁？"

听了这句话，戴维·帕卡德并没有生气，而是诚恳地告诉他，他这样做是对的。他有一份重要的工作，因此尽心尽力，并以他的工作为荣。

管理者应该清醒地认识到：管理者和员工之间没有贵贱之分，有的只是级别之分。在这层认识的基础上，管理者应力争做到不摆架子。这是尊重员工的根本。

比如员工在处理业务时出了问题，不知如何解决，这时管理者所要做的不是嘲笑或轻视他们的能力，而是把他们召集起来，对他们说："来，让我们一起研究一下这个问题。""我们""一起研究"这些词语常会极大地激励员工——他们会感觉无比兴奋，浑身有用不完的力气，满脑子有用不完的智慧。

总之，所谓好的管理者乃是尊重人的管理者，他并非以工作作为重心加以监督，而是以人为重心加以信赖。员工得到上司的尊重，心中就会有满足感，他们更会竭尽全力做事。

作为管理者，有必要对员工的隐私给予基本的尊重，而不是成天寻思如何破译员工的邮箱、查看其上网记录，甚至对员工的任何事情都要刨根问底。没有树立自觉工作的企业文化，就不能激励员工努力工作的热情，手段再先进也无法让员工人尽其才，相反只会引起员工的反感和误会，使事情越做越糟。

管理实践

一个聪明的企业管理者应在"尊重"和"激励"上多下功夫，先了解员工的需要，然后去"满足"他，万万不可先聘用他，然后再"榨干"他。

潜 能 激 发

经理不是只告诉别人怎么干的家伙，而是要激发队伍产生一定抱负，并朝目标勇往直前。

——G·雷蒙德

组织起一个优秀的团队，是一件非常艰难而重要的事情。激发起他们的热情，挖掘出每一位团队成员的聪明与潜力，并将他们协调起来，是成功的管理者必须具备的一种能力。企业的管理者必须是一个能激发起员工动力的人。

实际上，一个部门内部应该建立一种和谐的伙伴关系，唯有建立起真诚的伙伴关系，才能将上下级的距离拉近，而避免形成对立的局面。当然，有些管理者如果仍然坚持过去那种"阶层""权威"的态度，自然是无法与下属融为一体的。那样，想要借下属的力量去推动工作，恐怕是难上加难了。

何况充分地授权给员工，也是身为管理者的分内工作。我们发现有些管理者，表面上将工作交由下属全权处理，可是心里却很不放心。因此，他们在以后的工作中便横加干涉，有的甚至干脆给予下属过多的建议或想法。如此一来，下属仅获得了形式上的授权，而事实上则是创意处处受限，无法发挥主观能动性，心里头的滋味肯定会很不好受。那样，仍然达不到授权的目的。

因此，管理专家们认为透过完全授权的方式，不仅可以提高员工处理问题的应变能力，同时，在处理过程中也能将员工的创意、潜能激发出来。除此之外，授权也是一种基于对员工信赖的表现，这种做法会使员工感受到领导的尊重及重视，并有助于建立起系统内上上下下的信赖关系。

对于下属，尽量要少"管"多"理"。因为，领导者管得越多，下属就会丧失越多发挥创意的机会。同时，管理者专制、强势的作风，势必会导致员工心里产生负面情绪，进而影响工作的质量，管理者也会被终日的琐事所困，反而决定不了大事。反之，管理者多对下属员工进行疏导性工作，下属的积极性就能够更充分地发挥出来。

既然如此，那就应该多给下属一点权力和空间。当然，管理者必须时时保持关心的态度，了解下属在处理事情上是否遇到了什么困难？需不需要协助排解？对于表现好的下属，也要给予适当的支持和奖励。这样一来，必定能培育出一批有责任、肯担当重任的创意人才及和谐的企业文化。

授权，毕竟是借力的先决条件，管理者根据工作的需要，将自己所拥有的部分权力和责任授予下属去行使，使下属在一定制约机制下放手工作，管理者也就由此实现借助他们的力。授权是提高工作效率和效能的重要途径，它不仅体现了对下属的信任与支持，更是向下属借"力"的一个最好的途径。同时，授权又是使个人和团队快乐成长的秘诀。

管理实践

作为管理者，你应尽可能地授权，把别人能比你做得更好的事情，把你没有时间去做的事，把不能充分发挥你能力的事，果断地托付给下属去做。只有这样，你才能不被"琐碎的事务"所纠缠，而有充足的时间去思考和处理"重要的事情"。成功的管理者不是整天忙得团团转的人，而是一切尽在掌控、悠然自得的人。

第五章

我们只需要结果

以结果为导向的人力资源管理

> 大多数企业仍沿用19世纪的结构模式，一成不变，等级森严。要想在21世纪蓬勃发展，企业必须建造灵活的、以人为中心的"融合网"。
>
> ——罗伯特·戈伊苏埃塔

在当今许多企业中，人力资源部门仍是以各个部门经理的态度为导向。人力资源部门的职责就是执行好经理委派的任务。人力资源部门所负责的只是企业整体运作的一小部分，这部分工作完成得好坏完全以经理是否满意为标准。

显而易见，在市场竞争越来越激烈的今天，人力资源部门这种在工作中看管理者是否露出了笑脸的做法，已经不合时宜了。管理者是否满意并不能左右市场对企业战略客观公正的评价，而最有资格评价各个部门的工作业绩的，是市场对企业的满意度，这才是企业战略的最终结果。

因此，一个部门在工作中是否尽善尽美，真正有意义的是最后的市场结果。在向现代企业转变的过程中，企业的各个部门，尤其是人力资源部门必须将那种唯经理马首是瞻的行为方式转变为以工作的结果为导向的工作方式。在人力资本越来越重要的今天，人力资源部门在整个执行过程中处于至关重要的位置。如果人力资源部门的这种转变进展缓慢就可能导致整个企业战略的流产。

一家加拿大化学工业企业计划将发展重心从加拿大市场转移到发展中

国家。他们选中了印尼，打算在那里建一座工厂。人力资源部门开始从公司位于世界各地的分厂厂长中寻觅负责印尼事务的主管领导，最后他们选中了两位：丹吉和班迪。丹吉在委内瑞拉的工厂的技术部门工作多年，他的最大特点是技术过硬，毕业于一所有名大学的化学专业。班迪已经54岁了，一直负责公司总部的事务，有一定的管理才能，但从未表现出在开拓市场方面的能力——实际上他来到公司之后，公司在加拿大的市场一直处于稳定状态。最后，他们选中了丹吉，因为他有在发展中国家工作的经验。

令公司始料不及的是，丹吉的拙劣表现使公司在印尼的投资陷入了被动。丹吉虽在委内瑞拉待过几年，但印尼的情况与委内瑞拉却有着极大的差别。他无法申请到经营许可证，无法解决与工会之间存在的分歧，甚至找不到自己急需的人才。后来工程不得不延期，不过工厂最终还是投产了，但是产品销路的问题又凸显出来。公司在印尼的业务日益窘迫，在一片指责声中，丹吉不得不提前下课了。

正如这家公司的人力资源部门主管说："虽然丹吉的履历表上到处都闪着耀眼的光辉，但我们都忽略了他只是一名技术人员，他并不具备足够的管理才能——他之所以在委内瑞拉表现得优异，在很大程度上是由于他在那里只管理着技术部门，而不是整个公司。事情的结果表明：他不是一个帅才。"

因此，单凭员工以往的表现并不能准确地对他所具有的能力作出判断。真正具有决定意义的是他是否具有执行预定战略、实现预定结果的潜能。

在现代企业管理中，人力资源部门必须将人员与公司战略和运营结合起来。每个企业都要制订短期、中期和长期的战略目标，对于企业现阶段的发展要有详细的运营计划。这样，人力资源部门就可以据此为企业各阶段的战略目标，以及营运计划目标的有效执行，科学地选拔人才。

法国有一家为飞机制造商提供零部件的公司。由于产品单一，一遇到风险就难以招架，所以公司决定进行业务拓展，在生产飞机零部件的同时，再生产一些服务于非航空业客户的产品。这样即使航空业不景气，公司也可安全地渡过危机。

在选择这项战略的负责人时，人力资源部门果断地决定一方面从企业外部聘请具有开拓能力的人才，另一方面对公司内部的人员进行培训，最终公司不但巩固了主业，而且在开拓市场方面也干得有声有色。

如果人力资源部门不顾及企业战略规划的执行结果，只根据企业具体运营中所遇到的问题或其他短期目标作出招聘、选拔、培训、评估决策，那就很难保证企业的战略执行工作取得预期的效果。正是由于人力资源部门对于执行工作所发挥的关键作用，所以企业在向结果型企业转变的过程中，必须先把人力资源部门转变为以最终执行结果为导向的部门，这样企业的转型才有可能实现。

在现代企业中，人力资源部门不仅是战略的执行者，更是战略制定的参与者和战略执行的协调者。人力资源部门不是"后勤部长"，而是"作战参谋"，它的职责不仅是帮助其他部门提高业绩，而且是为公司战略的彻底执行制定合理的人员流程。

人力资源部门要实现向结果型部门的转变，必须了解整个公司的情况，明确公司的战略规划和预期目标，并且知道要实现战略和目标企业需要哪些人才，他们应具备怎样的知识和技能，具备怎样的素质。

英国一家专门为在特殊环境下工作的人们提供保健产品和服务的公司就成功实现了人力资源部门向结果型的转变。在这家公司里，人力资源部门不仅要做好招聘、选拔、培训和评估等传统工作，而且还要把这些工作与公司的战略和运营执行的结果有效地结合起来。

这家公司每制定一项战略，都要求人力资源部门参加。在一项战略或决策做出以后，所有参与制定战略的人员必须用相当一部分时间讨论完成这项战略或决策需要怎样的人才。比如，公司决定下一年的目标是进一步加强公司的战略性临床营销业务，使之成为企业下一个利润增长点。为了实现这一结果，公司需要建立一个具有战斗力的团队来负责这项业务，组建这样一个团队需要一个具有丰富的临床营销经验的领导人物，于是，这家公司的人力资源部门做了以下三项工作。

（1）找出那些对战略执行起着至关重要作用的岗位，并在这些岗位上安排优秀的人员，此外还要注意对这些人员进行持续不断的培训。

（2）对所有人员进行评估，确保每一个人都胜任自己的工作。

人力资源部门并不只是根据战略要求安排了人员就完成自己的工作，相反这仅仅只是一个开始。在安排了人员之后，人力资源部门还必须在具体的执行过程中对这些人员进行评估，及时发现和调整那些不能胜任自己工作的人员，以确保执行工作的顺利进行。

（3）为那些真正有能力和渴望成功的人创造一种获得晋升的途径。

每个星期四，人力资源部门都会给公司150名高层领导发去一封语音邮件，告诉他们哪些岗位出现了空缺，哪些副总裁位置现在无人应聘，以及哪些岗位已经提拔了候选人。在这封邮件中还详细地列出了空缺岗位的工作要求，以便这些领导人能够推荐适当的人选担当此职，当然他们也可以毛遂自荐。

这种选拔方式不但缩短了公司寻找高级管理者的时间，而且还使每个职位都有候选人——这大大减少了高级管理人员的流失给企业带来的经营风险。如果一位高层经理向公司提交了辞职信的话，公司当天就可通知候选人上任并交接工作。这种平稳而快速的领导人更替对于战略执行的顺利进行有着十分重要的作用。

现代企业中，人力资源部门管理着企业内部最为重要的资本——人力资本，而人力资本对企业战略和决策的执行结果起着至关重要的作用。没有具有执行力的人员，企业的执行结果就不可能顺利实现。因此，人力资源部门必须以一个人的执行力强弱为标准，选拔评估时应以其有效执行结果为中心，从整体上实现向结果型转变。只有如此，企业的整体实力才能得以稳步提高。

管理实践

一名出色的"作战参谋"不仅要知道怎样招聘到合适的人才，如何培养和激励人才，更要知道公司的盈利点在什么地方，以及如何实现战略目标。更重要的是，要把战略、运营、人员等流程整合起来，使战略规划得到最佳的执行结果。

鼓励员工做到最好

> 如果我们把机会、鼓励和奖励给予那些平凡而普通的员工，以使他们尽最大的努力，他们的成就绝对是无可限量的。
>
> ——山姆·沃尔顿

很多伟人年轻的时候，都很一般，他们最终的成功完全是个人努力奋斗的结果，绝不是从天上掉下来的"馅饼"。

商场上有很多这样的例子。在全球的证券业，沃伦·巴菲特的名字无人不晓，他是炒股大师。他在1956年以100美元入市，至1996年个人财富已达152亿美元，居世界亚富（首富为比尔·盖茨，180亿美元）。假如有人在1965年用1万美元购入巴菲特的伯克希尔公司的股票，至今就会拥有5100万美元！假设当时把1万美元买了标准普尔指数基金，只能赚497万多美元。

巴菲特为何能取得如此辉煌的成就？其中有一条就是巴菲特善于调动员工的积极性。

巴菲特总是教导员工如何鉴别优秀的企业，积极去发掘优秀的企业，这是致富的关键。巴菲特这些炒股奇招，不仅在公司适用，也适用于家庭，取得了家人的支持。他总是不失时机地教导员工和家人懂得潮起潮落的哲学。当他事业有成的时候，每年圣诞节的早餐，总把一个装有1万美元的信封作为圣诞礼物送给每一位家庭成员。之后，他又用最近投资的1万美元等值的股票，和每一个人交换刚才发出去的1万美元现金。家庭成员们很愿意这样交换。大家心里明白，他们手中的、最新被沃伦看准的股票，有更大升值的可能性。在过去32年中，他的投资组合创造了平均年复利报酬率238%的佳绩。对巴菲特来说，经过这种交换，调动了全家人来关心股市，支持他的事业。此招对于那些因涉足股市而被老婆（丈夫）和子女埋怨的股民，是很好的启迪。

无论如何，知人才能善用。如何才能了解下属的能力，开发下属的潜质呢？管理人员必须要"知人善用"，充分了解下属的性格和专长，再委派适当的工作，才算得上是个称职的上司。至于开发潜质，管理者首先必须有这样的观念。

第一，再平凡的下属也会有其过人之处，当领导的要善于发现他们的长处。

第二，另一方面，有些下属能力强、野心大，对这种下属你要多留神，欲望会使他们的野心膨胀。

第三，对不同下属采取不同的激励方法。

公司的每个部门，绝大多数是表现较平庸的职员，在平凡的外表下并不代表他们没有潜质，管理人员是否能充分发挥下属的长处，是管理中一个至关重要的因素。

另一方面，管理人员不难发现，在芸芸众生中，总有些成就感较强烈的职员，他们不断地找机会，替公司及个人争取利益。他们通常求知欲强，对事情有敏锐的洞察力，具备发展的潜力，能承担更重要更多的工作。

对于公司的新员工，如何辅导和鼓励他们呢？

辅导新进职员的原则，是帮助新进职员尽快投入工作，在最短的时间内，达到应该具有的水平。

此外，管理人员可透过督导过程，了解工作过程中的问题和障碍，从而寻求改善方法。

管理实践

　　鼓励员工做到最好，管理者就必须采取行之有效的办法，充分调动员工的积极性。一个企业的成功经营不仅仅取决于它所拥有的资源多寡，在很大程度上是与其员工的工作积极性密不可分的。这不单单是表现在一个企业成功运作的时候需要员工高昂的工作积极性，还表现在当一个企业面临严峻挑战的时候，员工的团结一致和努力工作往往可以使企业转危为安。

设立简单、明确和统一的目标

> 企业的目的和任务必须转化为目标，目标的实现者同时也是目标的制订者。
>
> ——彼得·杜拉克

在企业中，目标就像灯塔为航船指明前进方向。在鼓励员工为你打拼之前，管理者应该有一个明确的目标，并且为企业的每一个成员都制订一个定性定量的目标，让员工的激情与能力能够有的放矢，这样才能充分地发动每一位员工为企业的整体目标而奋斗。

目标设置要适时、合理、可行，并且与员工的切身利益紧密相关，这将成为能否有效激励员工为你打拼的关键。因此，如何正确设立目标是利用目标激励员工的关键。为了使目标的设立与管理更为科学、合理，管理者应遵循以下几条原则。

（1）将组织目标与个人目标相沟通。

在现实中，几乎每个人都在心里给自己设定了追求的目标。但是，由许多个人目标所组成的目标就是"组织目标"了吗？当然不是。因为两者很难同时获得成功或很容易发生冲突，而且不仅仅在个人与个人的目标之间，即使在个人与组织的目标之间也经常会存在分歧。为了提高工作绩效，管理者必须使每一个员工对"所有目标"有一个清醒的共同认识。

管理者应该及时与下属进行沟通，促使员工理解个人目标与"组织目标"之间的关系并进行取舍。通常，那些看到"组织目标"与个人目标有直接关系的员工，更容易产生强烈的工作欲望和工作热情，这样实现"组织目标"也就比较容易。

（2）目标设置要协调一致。

要通过目标设置来激励员工为你打拼，归根结底是要让个人的目标与组织的目标一致。组织的目标与个人的目标可能是平衡一致的，但大多数情况下二者会发生偏向，这种偏向会导致冲突发生，从而不利于员工积极性的调动，更不利于组织目标的实现。只有使这种偏向趋于平衡，即组织目标向量与个人目标向量间的夹角最小，才能使员工产生较强的心理内聚力，从而使员工为完成组织目标而奋斗。

（3）目标设置要具体明确。

设立目标的目的是为了使所有员工的行动能够尽量统一，让大家具有共同的方向，从而使行动的效果达到最大化，这就必然要求目标的设置要明确。如果目标不明确，很容易对目标的理解产生分歧，从而影响目标执行的效果。

目标应该达到能精确观察和测量的程度。大量的研究结果证明，具体、明确的目标要比笼统、空泛的目标形成更高的绩效。例如，在制订每月要达到的销售目标时，用具体的数字往往比含糊其辞的"尽最大努力""争取有所提高"等要有效得多。

（4）目标设置要适宜。

很多时候，目标设置表现为一种选择，特别是在难易程度方面。设置目标时，其难度应以中等为宜，这个目标又被称为"零点五"目标。如果目标难度太大，员工容易失去信心；而难度过小又激发不出足够的激情与干劲。这两种情况都无法收到良好的激励效果，只有所谓的"跳一跳，够得着"的目标的激励作用才最强。因此，作为目标的制订者，管理者在设置目标的时候，必须注意这个问题。

（5）目标设置要有可接受性。

管理者应该明白，企业目标只有内化为员工个人的目标，才能对个人的行为产生激励作用。相反，如果组织目标无法内化为员工的个人目标，那么目标顺利执行并达到预期的效果就是不可能的。

让员工参与目标的制订要比单纯的指令性目标好。这是因为，员工参与目标的制订可以使其看到自己的责任和价值，同时可以把目标定得更合理，从而提高目标的可接受性。当员工愿意接受某一目标时，就表明他认同这一目标的可行性、合理性，更重要的是，这与员工自身的目的性相一致。那么，员工尽心尽力为这样的目标打拼自然是顺理成章的事情。

（6）目标设置要有可反馈性。

在实现目标的过程中，如果员工能够得到及时、客观、不断的信息反馈，其受到的激励要比无任何反馈大得多。同时，员工获取行动效果的信息后，往往会主动发动或调整下一步的行动，这无疑将有利于取得更高绩效。

（7）设定充满乐趣的目标。

管理者在用目标激励员工时，把游戏和竞争法则用于组织的工作及挖掘组织中员工的潜力也是非常可行的。管理者要善于运用图表、游戏和竞争的方法使目标变得充满个性与趣味，消除员工工作中过分紧张的情绪。这样，员工必定会用实际行动给予企业相应的回报。

（8）制订有期限的目标。

对有明确期限要求的目标，员工会全身心投入，以期在期限内完成。而对没有确切期限的目标则会无限期地拖下去，甚至遗忘。因此，管理者一旦制订一个目标，就应给出一个具体的、明确的期限，否则你马上就会充分体会到，没有期限的目标，很多时候是没有结果的。

企业的目标应该具有阶梯性，从企业的管理层到执行层都必须有一个清晰的目标。每个层次的目标都是为组织的总目标服务的，这样的目标管理系统才能起到激励整个企业员工的作用。

目标设定是员工"职业生涯计划"的一项重要内容，目标定得是否合理，决定着整个计划的成败。在员工的职业生涯设计中，管理者要注意以下几个问题。

（1）目标的设定应该适合每个员工的实际情况，而不是越高越好。

企业的发展和个人的发展都是有一定条件，遵循一定规律的，脱离实际的目标是无法实现的。一个企业的员工不可能都成为领导，那么员工的个人目标应该怎么定呢？

对大多数员工来讲，一个基本目标应该是通过长期的努力，使自己成为本岗位或者本专业的能手，成为"第一"。从敬业开始，使自己的能力得到提高，工作取得成就，成为一个对企业、对社会都有用的人。到这时，个人的收入和需求也就有了实现的可能。

（2）目标应该是阶段性的。

将目标的实现分成若干阶段，这样既不至于使目标太大，难以激起员工的兴趣，又不至于使目标太小，让员工觉得没有意义。为实现最后的结果，就必须从最后位的目标开始，一步一步地向前位目标迈进，次第完成每个目标。最后位的目标必须最接近目前的状况，且尽可能地详细而现实。也就是说，最后位的目标必须是可以达成的。达成了以后，再以达成更高的目标为目的。

（3）在实现目标的过程中，既要注重大的方面的提高和进步，也要注意员工成长过程中一些小的缺点和不足。

如不经意的经常迟到或者不注意小节、开会时手机响、衣着随便、在公共场合大声喧哗，还有做事拖拉、不能及时完成任务或者不及时汇报等。这些不足虽然不是什么严重的错误，但是对个人职业生涯计划的实现会带来极大的不利。一个人的良好的职业习惯和职业作风，是一个人树立应有的职业道德和专业能力的基础，不能在细小之处克服人性中的惰性就很难在激烈的竞争中脱颖而出，就很难使自己在本职岗位上争创第一。

管理实践

作为管理者，必须想到怎样用公司的目标吸引员工。管理者设立简单、明确、统一的目标，让大家朝着同一目标前进，会使通往成功的路更加平坦。

目标也是最大的激励

目标是最大的激励，给员工一个值得为之努力的宏伟目标，比任何物质激励都来得实在，也比任何精神激励都来得坚挺。

——柳传志

员工工作的一个重要动力就是为实现一定的目标而奋斗。任何一个员工都有自己所期望的目标，如何运用这种目标动力去激发员工的积极性，是管理者的一种管理艺术。

联想集团的目标激励在不同时期有不同的做法。这种变化尤其体现在对不同激励对象所选择的不同目标上。

第一代联想人100%是中国科学院计算所的科研人员，他们的年龄在40~50岁之间。和同龄的中国知识分子一样，他们富有学识但自感得不到施展，一面是看着国家落后，一面是自己不能更好地为国家多做一点事。所以这批人的精神要求很高，他们办公司的目的一半是忧国之忧，另一半是为了证明自己拥有的知识能够变成财富。这种要求对于他们尤其重要，办公司是证明他们价值的最好的机会。他们对物质的要求也不太多，旧体制下他们的收入不足200元，当公司每月能够提供400多元薪水的时候他们就很知足。

归纳第一代联想人的总体特征，有三点值得注意：一是事业要求极

第五章　我们只需要结果

173

高；二是集体荣誉感很强；三是物质要求不高。针对他们的目标激励，也要与此相适应。因此，联想在这一时期的激励也体现出事业目标激励、集体主义精神培养、物质的基本满足这些特点。

公司初创时期人数只有100多人，在研究所时彼此相识相知，对旧体制弊端都有共同的感受，因此很容易在未来的事业目标上达成高度一致。如今依然在联想影响很大的一些思想和价值观都是在这一时期形成的。如"把5%的希望变成100%的现实""看功劳不看苦劳""研究员站柜台""斯巴达克方阵"等，这些构筑起联想文化的主体。

那时公司经常开会，一个好消息几分钟就传遍公司上下，员工走路都健步如飞，上上下下100多人团结得跟一个人似的。这就是当时的联想。初期的联想给员工最多和最大的激励是他们的事业，他们的理想和他们的目标。当然，他们的收入也有了相当的改善。但是，与精神方面的激励相比，物质方面的注重程度和实际效果就显得微不足道。

从20世纪80年代末开始，联想的情况有了一些新的变化，变化的原因来自于新员工的大量加入。从1988年起，联想从中国科学院以外的渠道吸纳人才。先是从一些名牌大学招收研究生和本科生，刚开始时，招收的人数并不多。1988年招收了几十人，1989年招收了几十人，1990年招收了上百人。从学校招来的应届毕业生虽然热情很高，但工作经验少，于是联想又通过刊登广告和在人才交流中心招聘具备在其他企业工作经验的员工。

到1991年的时候，联想北京总部有600多名员工，其中50%~60%的员工到联想以前与中国科学院没有任何关系。他们和老一代联想人在价值观方面有一定的差别。如新一代联想人在荣誉感方面也承认集体主义，但更多的是要突出个人的价值，而不像老一代联想人那样为了集体的荣誉宁愿牺牲自己。

此外，从当时的社会特点来看，人才流动已成为一种普遍的社会现象。人们"从一而终"的职业观念开始动摇，"人往高处走，水往低处流"，有一技之长的人大多在寻找适合自己的企业和岗位。大量流动的人才除去实现自我价值的理想以外，还有明确的物质要求，这其中包括工资、福利和住房。

为什么会出现这种变化呢？

首先，这批30岁左右的年轻人既看到了长辈在物质方面的贫穷，也亲身经历了这种贫穷，同时也知道了美国的富裕给人们带来的难以抵挡的诱惑，因此他们害怕贫穷；其次，经过多年的孕育，人才市场已经初步形成，严格按商品经济规律办事的外资企业、合资企业和新型企业可以不按政府规定的工资标准给人才开出高价，只有国有企业这个时候还在执行统一的工资等级制度。

这种变化给联想的目标激励提出了新的课题。新一代联想人承认集体的作用，但是很难做到像老一代联想人那样甘愿做一颗默默无闻的螺丝钉。他们强调自己与众不同的价值，必须在工作中明显表现自己的作用。如果在这个方面不能使其满意，就可能给联想的管理带来麻烦。

另外，新一代联想人虽然对事业和理想的追求与老一代联想人一样强烈，但在他们看来，自己的工作值多少钱企业就应该给多少钱，这完全是必要的。企业如果要求他们提高觉悟，在物质方面完全向老一代联想人学习，他们更可能认为这是愚昧之举。在职业观念方面，美国的职业观念表明企业是企业，家庭是家庭，联想如今的情况更接近美国企业。

联想员工薪水收入的大幅度提高是1990年以后，这其中涉及的原因很多。一是国家物价水平上涨，二是联想自身积累的高速增长，还有一个很重要的原因就是员工对激励要求的变化。另外，公司在福利方面也有了突出的变化。例如仅商品房一项，1991—1995年为员工解决的住房就有200多套。30岁出头的联想骨干绝大多数都能享有三室一厅的住房，这在北京已足以令人羡慕。员工每年还可以有10天的带薪休假。

如果说，联想过去的目标激励着重精神方面的话，那么联想今天的目标激励则朝着重物质的方向迈进。

一旦具体的目标或理想生动鲜明地体现出来，员工就会从思想上产生一种共鸣，就会毫不犹豫地追随你。形象地说，管理者利用明确而具体的目标激励员工，就是充当一个"建筑师"的角色。"建筑师"把自己的想法具体地表现在蓝图上，让"建筑"的形象生动鲜明地体现出来，以此激发员工为之而努力工作。

管理实践

作为管理者，必须将你的目标告诉给你的员工，当员工知道你的目标后，他们就会努力去做你想要的事情；只要能够实现你的目标，不管做这些事情需要付出什么样的代价他们都愿意。

管理者不做太多决策，
只做重大决策

> 有效的管理者不做太多的决策。他们所做的，都是重大的决策。
>
> ——彼得·杜拉克

管理大师杜拉克认为："在决策中，要看'正当的决策'是什么，而不是'人能接受的'是什么。"

在通用汽车公司一次高层会议上，没有人对一项新的提案提出异议。公司总裁斯隆先生问："诸位先生，在我看来，我们对这项决策，都有了完全一致的看法了。"出席会议的委员们全部点头表示同意。但是斯隆先生接着说："现在，我宣布会议结束，下次会议时再讨论这一问题。我希望到时候能听到相反的意见，也许那样我们才能真正了解这项决策。"

斯隆先生堪称"天才的决策家"。他认为"提案"都必须经得起事实考验。同时他强调，不能先得出结论，而后去搜集"事实"来支持这一结论。他的观点是：正确的决策，必须从正反不同的意见中才能得到。斯隆先生的事例给出的结论是：除非有不同的见解，否则就不可能有决策。这是决策的一条原则。也就是说，有效的管理者绝不认为某一行动方向为"是"，其他行动方向均为"非"，他也绝不坚持己见，以自己为"是"，以他人为"非"。有效的管理者第一步会先找出为什么各人有不同的意见。

杜拉克说:"有效的管理者,做的是有效的决策。"他认为一位管理者之所以受聘为管理者,并不是要他做他"喜欢做"的事,而是要他做他"应该做"的事——尤其是要他做有效的决策。他特别推崇被认为是商业史上最有成效的决策者西奥多·维尔(曾于1910年开始担任美国AT&T公司总裁20年)。在西奥多·维尔做贝尔电话电报公司的总裁期间,他成功地将贝尔公司建成全球最大、发展最快的私人公司。杜拉克认为AT&T公司之所以有这样辉煌的成就要归功于维尔担任总裁期间所做的四项重大决策。即公开承诺AT&T公司的使命是"我们的企业是服务",建立贝尔实验室,成立公众监督委员会,以及开创了一个满足非上市私人公司资金需求的大众资本市场。的确,这才是管理者应当做的,也只有管理者才能做的正确的事。

维尔一上任就非常清楚地认识到,如果想要保持自己私营企业不被政府接管,那么贝尔公司必须比政府机关能更好地照顾公众的利益。于是维尔做出了第一个决策:贝尔公司必须预测并满足公众对其服务方面的希望和要求。也就是贝尔的座右铭:"我们的企业就是服务。"然后维尔制订出新尺度检查员工服务工作的好坏,而从来不强调利润完成的情况。

贝尔公司意识到如果企业希望能够存活长久,有效、公正和有原则的公众管理是不可缺少的。维尔因此把实现公众管理当成了贝尔公司的目标,要求员工在拓展业务的同时,还必须注意保护公众的利益。这是维尔做的第二个决策。

为了解决没有正常竞争环境的问题,维尔说:"我们可以把将来当成对手,让将来与现在竞争。"他做了第三个决策:建立贝尔实验室。杜拉克认为"贝尔实验室的建立就是为了大胆淘汰现有产品,即使是那些非常盈利、收效不错的产品,这是一项当时世界上绝无仅有的创举。"

由于贝尔公司需要大笔资金进行公司现代化改造和扩张,于是维尔做了第四项决策:贝尔公司引进一种新型股票,投资者股息有保证,资产增值时还能享受到好处,通货膨胀时免受损失的新型股票,而且由贝尔公司自己做股票承销工作。

西奥多·维尔才华横溢、头脑敏锐、具有非凡的远见,他的确是一个组织天才。他任贝尔总裁期间只做了四项重大决策,却为公司赢得了辉煌。由此可见,"有效的管理者不做太多的决策。他们所做的,都是重大的决策。"

一位有效的管理者，遇到了问题，总是先假定该问题为"经常性质"。这个问题是从未出现，还是以后会经常出现？抑或是纯粹的偶然？他总是先假定该问题只是一种表面问题，一定另有更基本的相关问题存在。他要找出真正的问题所在，不会以解决表面问题为满足。

如果想要在人事问题上做一个正确的决策，那你必须要有足够的时间进行不间断的考虑，尤其是重要环节用人上，一点也不能含糊。在用人时，对一个人的能力、性格、长处、缺点等，都要经过深思熟虑，看看他是否能够胜任，是否大材小用，是否用的是其所长而回避了所短，是否能够服众，使其特长与潜能得以充分发挥等，然后再做决定。

一个有效的管理者，要有战略眼光，不仅要能够把握现在，而且还要能够把握未来。这就要在平时重视对企业发展有重大影响的信息，对市场保持敏锐的洞察力以保障产销方面的决策正确。一个有效的管理者做的决策，一定要符合经济规律、符合企业自身的实际情况，而且必须是经过努力可以实现，有激励作用的决策。

有效的管理者需要的是决策的冲击，而不是决策的技巧；需要的是好的决策，而不是巧的决策。有效管理者要尽可能多准备方案，方案越多，选择的余地就越大，采用最佳方案的可能越大；还要充分发挥大家的智慧，集思广益，只有有不同的见解，才会有最好的决策；另外，决策者还要有创新和开拓精神，敢于做出常规的思维所不能做出的决策。

管理者还应该将行动纳入决策当中，不要只是纸上谈兵。行动前要做好预谋规划，搞好宣传，让下级能够充分的理解。对执行过程中可能出现的意外情况事先做好准备，并在执行中不断总结经验教训，然后严格按照要求贯彻执行，合理激励员工。

管理实践

决策的有效性取决于决策者对决策可行性、可接受性以及决策质量、耗时等因素的重视程度。管理者在进行决策时，都应当将精力集中在对问题本质的认识上，以便更好地针对问题进行决策。

着眼于结果，树立绩效意识

> 作为管理者，我所做的最重要的一件事就是论功行赏。
>
> ——杰克·韦尔奇

现代企业着眼于结果，实现结果管理，是评价员工创造价值和提升员工个人技能的有效手段。企业通过一系列的评价指标，对员工的行为和行动做出公正、合理并且令人信服的评价，从而依据评价结果作出晋升、降职、调动、开展培训和调换工作或辞退等决定。

工作结果考核不仅可以对员工的当前表现做出评价，而且还能影响员工以后的行动，使之树立绩效观念，总结经验教训，进一步改进工作方法，提高工作的效率。

在向结果型企业转变的过程中，企业要想树立员工的绩效意识，提高员工的执行力，就需要在管理中以员工的执行结果为重点，运用考核的办法使员工改变低功效甚至于无功效的工作方式，踏踏实实地提高每一环节的工作效率。

在20世纪90年代，IBM的管理已经到了名存实亡的地步，管理者们只在形式上用几项无关紧要的指标对员工的行为进行评价，然后就做出了奖惩决定。没有一个员工思考如何提高自己的工作绩效，相反他们都在盯着那些干得更少而工资和福利并没有太大变化的同事，并毫不掩饰地向管理者表示不满。

由于当时IBM的薪酬制度存在着严重的缺陷和不足：各级员工的待遇主要由薪水组成，此外还有很少量的奖金、股票期权和部门绩效工资，工资待遇差别很小而且过于强调福利，这就使得员工业绩的好坏无法体现在薪资水平上。

面对这种情况，新一届管理层首先对薪酬制度进行了改革。变固定工资为与业绩挂钩的浮动工资，另外加大股票期权和奖金在员工总收入中的比重，对那些认真完成工作、积极改进绩效的员工给予奖励。废除了家长式的福利制度，不认真完成工作、绩效差的人只能得到保底工资，而不再像以前那样尽管没有完成工作，但照样拿到丰厚的薪水。

通过此举，公司打破长久以来的"大锅饭"作风，在绩效考核中加入了工作成果的内容，并把员工的工作成果作为薪酬水平的衡量依据。

为了使新的薪酬制度发挥更大的效果，新的领导层进一步调整了已经严重脱离现实的绩效考核制度。为员工设计了切合实际的绩效目标，以及更加科学合理的评价标准，使员工形成了一种只有切实地做好执行工作才有可能获得升迁机会的思想。

这样，IBM公司成功地改变了员工的行为方式，使他们更加注重业绩和结果。员工的这种行为方式的改变，极大地促进了IBM公司业务的发展。

企业管理者不仅要在绩效考核中加入执行结果的内容，还要在整个结果管理的过程中注意执行力的提升。只有在结果管理实施的过程中倡导执行结果，企业才能更快更好地改变员工的行为方式，使之改进工作业绩，提高绩效意识。

企业的管理者在整个结果管理的流程中，都必须深入到具体问题中去，真正指导员工改善业绩水平。只有管理者以身作则、注重实际，员工才会改变行为、注重执行，也只有管理者不断地与员工进行充分的沟通，企业的绩效管理水平才会得以提高。

大众汽车公司一直被认为是最为科学和理性的公司，而最能体现其理性特点的莫过于其结果管理。在大众汽车公司，结果管理工作被当作一个系统工程。主管和员工共同讨论和制订绩效目标，并且这个结果目标必须是具体的、可执行的、有明确时间表的。只有员工能够准确地描述自己的具体工作是什么、这些工作的具体标准是什么、为什么要做这些工作以及这些工作的时间期限等等，绩效计划的工作才能告一段落。

大众的绩效考核十分注意对员工的执行结果进行考核。大众汽车在考核中引入了六西格玛概念，用它来解决管理人员、公关人员的考核不易量化的难题。而员工也可根据这些行为准则评价自己的上司。对于具体执行工作，能量化的尽可能用严格的标准量化，如公关人员的工作量化可以用接了多少个电话、回了多少个电话、用多少时间来回答、安排了多少采访等进行。通过对这些十分具体的工作的考查，不仅公关人员、管理人员更加务实和注重结果了，其他的员工也深受结果文化的感染，积极改变自己的行为方式。

除了对工作业绩进行考核以外，大众汽车公司还对员工的价值观等方面进行考核。每一个进入大众汽车公司的员工都要经过一系列的价值观培训，使员工理解和强化公司的价值观。考核不是让员工背诵价值观，而是考查员工是否在平时的工作和生活中用实际行动和工作的结果来说明价值观。

通过大众汽车的结果管理，我们不难看出公司对于员工是否用实际行动执行计划、实践战略的重视，以及对各级管理人员在执行和关注具体结果方面的高要求。

无数的事实已经证明，企业要想建立起以结果为导向的执行文化，提高整个企业的实力，必须在管理中加入结果绩效的内容，并把这一内容作为考核的核心，牢固树立员工的绩效意识。此外还要求各级管理者在结果管理的全过程中起到榜样作用，才能使企业更好地实现员工行为方式的改变。

管理实践

有效的业绩考核制度，能将员工个人工作表现的状况和企业的目标紧密地结合起来。

少说"我"，多说"我们"

最有效并持续不断的控制不是强制，而是触发个人内在的自发控制。

——横山宁夫

在日常生活中，有一个字用得最多，那就是"我"这个字，但"我"并没有很深刻的自我认识涵义，认识一个人应该是从他的专属名字开始的。

正如松下所说，一个人对自己需要有充分地认识，也可以说是一种自觉。首先要明确地认识这个名字，并将它置于一定的团体概念之下。例如所有的人都有一个自己专属的名字，假使你是山本三郎，你就要确知自己是"山本三郎"，更重要的是："我是日本的山本三郎"。这是第一步。而当一个人进入公司之后，要有更进一步的新认识，即"日本某公司职员某某"，这是第二步，因为他把自己限定于范围更小的团队意识中了。第三步是通过对企业理念的学习和团队精神的理解，在自我心中培养和产生与公司共存亡的信念。这样，这个人存在的价值就会变得非常大，同时也能感化周围的人。团队的精神也就会因此而自然加强了。然而每个公司都缺乏这样的人。不过，大多数的成功者，都是从这种人物中诞生的。

松下认为，一个人成功非常容易，因为他可以借助团队的力量和精神。可是有很多人却不能成功，这是因为他们舍弃了团队共同努力这样一条康庄大道而绕上了自我奋斗这条小路的关系。这些人眼前有一条大道，可是他们却偏偏认为小路好走。结果不是掉在泥沟里，就是因为路不好走，行进得非常缓慢。这也是为什么像松下电器这样的企业能够迅速获得成功，而另一些企业却发展缓慢的重要原因。

当今的世界是一个不断分化和综合复杂的世界，由于不断的分化而变得深入，由于不断的综合而变得全面，这就是一些事物发展的基本趋势。作为一个优秀的企业家，松下幸之助明确地看到了这一点，他指出："当学问划分愈来愈仔细时，一些衔接的学问便渐渐重要起来。所以需要将细分的学问加以统合，也可说是调和的学问相对增加。现今的日本正是这种情况。若以医学而言，有人学牙科，有人学耳鼻喉科，有人学眼科，各有专精。这种情形并非不好，可是人们还需要耳与眼的调和；若缺乏这种学问，还是很不方便。"在一个团队中，有不同能力的人很多，他们都专注自己的技术或能力，那么怎样能使他们相互配合，产生强大的效力，使团队更具凝聚力呢？从这一角度出发，松下提出了自己一种独特的学问，即"调和学"。

什么是"调和学"呢？举个简单例子，在一个企业里，如果忽略了经营者与工会之间的联系，则经营无法实现。只有让它们之间有所联系，才能成为一个完整的企业。

松下认为，调和存在于一切事物，但它并不是固定的，而是不断在发展。问题在于如何"调和"。团体中的每一分子都有调和的意愿，只是不知调和的方法，这就要靠训练、靠研究、靠教育。举例说，一个企业有2万员工，但如果不懂得"调和"，那么2万人也不可能真正发挥其力量，创造不出多大的效应。如果一味放任不管，2万人就成了乌合之众、一盘散沙。所以企业家在提高每个员工力量的同时，也必须考虑2万人的团体合作。如果企业有2万人，可以分成好几个团体，然后联合成一个大团体。这样，就会使大家形成一股凝聚力，产生一种责任感。但同时还必须要谨慎，不要使这个团体产生负面的作用。

如果人类的思想趋于相同，事情就好办了。实际上人的思想却非常复杂而且怪异，可以说困难重重。要使每个人的思想随时都导向相同的地方，问题就更为棘手。即使在企业的领导层中，大家的思考方式不同，因此即使想集合每个人的力量，综合发挥，也不是容易的事。因此，实现这种"调和"，是一个企业中最重要的事。

在周围的人群之中，有些人的魅力特别显著，这种魅力从何而来呢？姑且不论好坏，伟大或不伟大，这都是由于人们的特点不同所导致的。看看周围，万物各不相同，各有各的特色，大家的特点都不一样，因为要成就一件大事，彼此要互相承认这点才好。当我们面对当今世界的不断纷争，面临企业内部的种种矛盾时，想一想松下先生所倡导的"调和学"，也许我们能够从中学到些什么。团队的力量，是由团队中所有人共同创造的，只有调和好团队中每个人的思想，使其为了一个共同的目标，共同努力，才能发挥巨大的力量，产生无限的潜力。

管理实践

"我们"与"我"的区别，就是范围扩大了。管理者和员工的根本利益是一致的，把范围扩大后，员工会感觉自己也是企业的主人，从而提高工作主动性。

改变环境不如改变自己

> 只有主动改变自己去适应环境，才能生存于竞争激烈的市场大环境中。
>
> ——杰克·韦尔奇

森林里，住着三只蜥蜴。其中一只一看自己的身体和周围的环境大不相同，便对另外两只蜥蜴说："我们住在这里实在太不安全了，要想办法改变环境才可以。"说完，这只蜥蜴便开始大兴土木起来。另一只蜥蜴看了说："这样太麻烦了，环境有时不是我们能改变的，不如我们另外找一个地方生活。"说完，它便拎起包袱走了。第三只蜥蜴，也看了看四周，问道："为什么一定要改变环境来适应我们，为什么我们不改变自己来适应环境呢？"说完，它便借着阳光和阴影，慢慢改变自己的肤色。

三只蜥蜴对于同样的环境做出了不同的反应。企业对外部环境的适应也就像那三只蜥蜴一样有着不同的做法，有的主动改变环境，有的逃离环境，也有的主动改变自己去适应环境。第一种方法需要自己有较强的实力，一般企业根本无法企及；第二种方法则是自欺欺人，环境虽大，可逃的地方终究少，逃避解决不了任何问题；第三种方法从自身下工夫才是为人所称道的。

IBM在发展初期，公司上下均坚持这样一个信条："未来电脑发展将会走上电力公司的路子"。具体来说，该公司深知，且相信能以严谨的科学证实，未来人类将发展出像火车站一样，具有强大威力的主机型电脑，可供无以计数的使用者连线使用。各个领域的专家都同意这一观点。然而，就在这种火车站式、主机导向的信息系统正要进入人类的现实生活时，突然间，两个年轻人却打算开发全世界第一部个人电脑，当时，所有电脑制造商都把这种机型当笑话看。从内存、硬盘容量、处理数据的速度，一直到计算能力来看，没有一项是人个电脑可以赖以成功的条件。事实上，每一家电脑制造商均断言，将来人个电脑一定会失败——其实在那时的几年之前，施乐公司的开发部门就已经造出了第一部人个电脑，只是当时该公司也认为这种产品行不通而决定放弃。然而当这种产品陆续上市之后，立即赢得了消费者的青睐。

回顾过去的历史，任何一个在市场上叱咤风云几十年的大企业，一旦碰到这种突然的变化，一开始的反应都是拒绝接受事实。面对个人电脑的兴起，大多数主机型电脑制造商的反应都是嗤之以鼻。当时，IBM一家公司的年产量，就相当于其他所有同业的总和，而且其利润也创下历史新高，非常可能和其他公司有相同的反应。但是相反的，IBM立刻很现实地接受了人个电脑。管理阶层撇开一切旧有的政策、规则和规定，几乎是在一夜之间，就成立了不是一个、而是两个互相竞争的开发团队，要求它们设计出更简单的人个电脑。两年后，IBM已经变成了全世界最大的人个电脑制造商，该公司所生产个人电脑的规格也成了产业标准。

对于同样的环境，施乐公司固守陈旧观念不思改变而错失了商机；IBM公司虽然在最初也同样不看好PC机，但它仍然以适应市场为主，做出了快速反应。

在现代竞争激烈的市场环境中，那些以自我为中心、不肯改变自己的企业只能为市场所淘汰。

权变的管理者很重视环境条件，他们会根据环境的具体情况，确保自己的行动和决策既达到目的又不违反客观实际。环境为管理者提供了充分施展才能的活动舞台，又同时给管理者构筑了许多限制框架和制约条件。

用人之道随环境而变，主要表现为对环境的适应。

原美国总统罗斯福在他就任的前一百天中，就从了解和熟悉有关的官僚制度入手，使自己完成了对环境的适应过程，因此，他一上台就利用这一制度去开展用人活动。其他历任美国总统杜鲁门、艾森豪威尔、约翰逊、肯尼迪、尼克松以及福特等，掌权之前也都经过了一个熟悉政治、经济和文化环境的适应过程，积累了扮演从政角色的经验。所以当他们以总统身份开展用人活动时，就比较得心应手。

据说原美国总统卡特在位期间，这方面的能力不如上述的几位总统那么出色，因而处处受到国会的牵制，成为被社会舆论讥讽的"深受折磨的一位领导人"。这些事例对于一个企业，尤其像500强这样的超大企业中管理者具有很大的借鉴意义。

管理实践

只有那些能够自如地应对经营环境的变化，不断进行自我变革的企业才可能超越时代保持住自身的优势。

不问做了什么，只问结果如何

工作一定要有更好的结果，工作一定要有更高的效率！

——福特

计划经济时代，国有企业往往强调吃苦耐劳的"老黄牛"精神。固然，在任何时代，我们都需要任劳任怨、勤勤恳恳的"老黄牛"精神。但也必须看到，在凡事讲效益的现代企业，光靠"老黄牛"那样低头做事已经远远不能达到要求了。

一天，张总安排了几乎完全相同的两个任务给小张和小王两位员工去做。小张每天提早上班，推迟下班，连星期六、星期天都不休息，弄得心力交瘁，愁眉苦脸。但是，由于他没有达到要求，张总对他总是很不满意，甚至还对他严加批评。小王从不加班加点，只是每天把该做的事情都做好，每天报告给领导的都是好的进度与消息，领导对他总是笑脸相迎，经常表扬，最后将他提拔为部门主管。

在现代企业，领导重视能出业绩的员工的情况越来越普遍了。是老总偏心、不欣赏苦干的员工而只欣赏"讨巧"的员工吗？原因往往不是这样。主要的原因，是我们已经进入了市场经济的新时代。那些光知道苦干、穷忙，却又不知自己在忙什么，也忙不出什么结果的人，越来越得不

189

到企业的认可。

现代企业正越来越认可一个新的理念：做任何事情都要讲究效率和效益！不仅要努力去做事，更要把事情做成，做好！

"不重过程重结果，不重苦劳重功劳"。这是联想集团的核心理念之一。这个理念，在联想公司成立半年之后，就开始提出来。

毫无疑问，刚刚创业时候的联想，大家都有对事业拼命的干劲和热情，但是，光有干劲和热情，并不能保证财富增加与事业的成功。当时就那么一点点的资金，如果没有用好，公司就有可能夭折、破产！这时，只是强调繁忙、勤奋、卖命、辛苦等，是远远不够的。联想用20年时间，从几个下海的知识分子的公司，变为了一家享誉海内外的高科技集团。它之所以后来有这样大的发展，毫无疑问与这个核心理念密切相关。

以往我们经常听到某些人讲："没有功劳还有苦劳。"苦劳固然使人感动，但在新的时代形势下，有功劳的人才有更好的发展！

多年前，美国兴起石油开采热。有一个雄心勃勃的小伙子，也来到了采油区。但开始时，他只找到了一份简单枯燥的工作，他觉得很不平衡：我那么有创造性，怎么能只做这样的工作？于是便去找主管要求换工作。

没有料到，主管听完他的话，只冷冷地回答了一句："你要么好好干，要么另谋出路。"

那一瞬间，他涨红了脸，真想立即辞职不干了，但考虑到一时半会儿也找不到更好的工作，于是只好忍气吞声又回到了原来的工作岗位。

回来以后，他突然有了一个感觉：我不是有创造性吗？那么为何不能就在这平凡的岗位上做起来呢？

于是，他对自己的那份工作进行了细致的研究，发现其中的一道工序，每次都要花39滴油，而实际上只需要38滴就够了。

经过反复的试验，他发明了一种只需38滴油就可使用的机器，并将这一发明推荐给了公司。可别小看这1滴油，它给公司节省了每年上万美元的成本！

你知道这位年轻人是谁吗？他就是洛克菲勒，美国最著名的石油大王。

当今企业中，更多的是毫无价值的"忙人"。他们每天在急急忙忙地上班、急急忙忙地说话、急急忙忙地做事，可到月底一盘算，却发现自己并没有做成几件像样的事情。他们往往以一个"忙"字作为自己努力的漂亮外衣，却没有想到，这种忙只能是"穷忙""瞎忙"，没有给自己和单位带来任何效益。

一个员工要想成就一番事业，就必须从一开始就牢固树立自己的结果意识，以实现结果为工作最终的也是唯一的目标，绝不能像驴子拉磨那样，一条道走到黑。

作为华人首富，李嘉诚的名字可谓家喻户晓。他之所以能成为首富，也并非没有规律可循：从打工的时候起，他就开始树立做事只看结果的思维。

从十多岁开始，李嘉诚就挑起了整个家庭的生活重担，他不得不靠打工来维持生活。他先是在茶楼做跑堂的伙计，后来应聘到一家企业当推销员。

干推销员首先要能跑路，这一点难不倒他，以前在茶楼成天跑前跑后，他早已练就了一副好脚板，可最重要的，还是怎样把产品推销出去。

在做推销员的整个过程中，李嘉诚都注意重视分析和总结。在干了一段时期的推销员之后，公司老板发现：李嘉诚跑的地方比别的推销员都多，成交的也最多。从此，老板对李嘉诚格外赏识。

纵观李嘉诚的奋斗历史，其实就是一个不断用方法来达到结果的历史。因此，每位有志于成功事业的员工都应该格外重视工作的效率和结果！

当前，许多企业提出了一个"新敬业精神"的理念。这一理念的核心，就是强调以效益为核心。让"老黄牛"插上效率和效益的翅膀！从员工的角度讲，只有你为企业创造财富，企业才会给你财富；只有你为企业打造机会，企业才会给你机会！

做一个凡事讲究效率的忙人吧，这样的忙，才会有价值！做一个凡事

191

讲究结果和功劳的人吧，这样，你才会赢得最快速度的发展，并得到最大的认可与回报。

管理实践

要想造就一流的企业，必须先从打造一流的员工开始。一个员工只有把每时每刻的工作结果与企业的生死存亡紧密相连时，才开始向一流的员工迈进；一个企业只有以生产的结果来引导员工的工作行为时，这个企业才开始向一流的企业迈进。

Simple

第六章

从管理者升级到领导者

MANAGEMENT IS MORE

领导者要以身作则

> 遵守纪律的风气的培养，只有领导者本身在这方面以身作则才能收到成效。
>
> ——马卡连柯

身先士卒，率先垂范，才会唤起下属的崇敬感。

现在的大多数人都不喜欢被管理，如果管理者的行为引起下属的疑虑，会引起他们的反感。因此，身为管理者，必须真正地以身作则，才能让下属信服。

群众期待的管理者，是在非常时期能够表现得与众不同，且能够断然地做出决定，迅速敏捷地采取行动的人。只有这样的管理者，才能强有力地支配部下。

在竞争愈来愈激烈的今天，企业随时都会面临各种困难。当面临困境时，管理者必须能够率先士卒，面对难关。这样坚定沉着的精神就会传达给部下，让大家都能够勇敢地面对挑战。

身为管理者，不仅是要会做报告、夸夸其谈、在言辞上折服众人，更重要的是自己能以身作则、严于律己。因为自己的一言一行、一举一动都受到大众目光的监视。将自己的行动表现在事业上，是最能感动他人的举措。

日本本田技研工业总公司的创始人本田宗一郎每当遇到棘手的事情

时，总是自己率先去干。因此，公司里的年轻人非常佩服他的这种身先士卒的垂范作风。

行动是无声的教诲。一大堆的同情话、亲热语，远不及于援一手、投一足的实际小帮助。人是最容易为一些小事情、小恩惠的感情所折服的。

孔子曰："其身正，不令而行；其身不正，虽令不从。"有些地方或单位之所以出现"有令不行，有禁不止"的现象，一个重要的原因，就在于某些管理者，特别是高级管理者自身不正，不能以身作则。"己身不正焉能正人？"要"身正"，必须严于律己，加强自身的思想道德修养。

管理者要注重行为的"垂范激励"。企业管理者，不管你是委派的还是选举产生的，抑或是竞选受聘的，一旦被任命之后，手中就拥有了经营管理企业的权力。然而，这并不意味着你的权力已经"合法"。能否获得群众认同的"合法权威"，关键要看管理行为产生的"激励效应"如何，即能否从你的下属和员工那里得到"合法化"赞同。

美国社会学家彼德·布莱认为，管理者的有效性和稳定性取决于下级的社会赞同。受到下级承认和赞同的管理者，在对下级施加影响时，要比那些未受到承认或赞同的管理者更为有效。假如你忽视了这一点，以为靠着人事部门的一纸文件就可以滥用权力，那么你就会动摇管理者权威的有效性和合法性。久而久之，最终会丧失员工心目中对你的权力和威信的认可。

管理者如何才能做到以身作则？

（1）具有自我管理素质。

善于自我管理的企业领导者能够独立思考、工作，无须严密的监督。

（2）忠于一个目标。

大多数员工都喜欢与将感情和身心都奉献给工作的人共事。除了关心自身，企业领导应忠于某样东西，比如一项事业、一件产品、一个组织、一个工作团队或一个想法。

（3）培养自己的竞争力，竭尽全力以达到最好的效果。

领导者掌握着对组织有用的技能，因此，领导的绩效标准应比工作或工作团队要求得更高。

（4）有魄力，讲诚信。

领导应该独立自主，有值得员工信任的知识和判断力。另外，领导还要有较高的伦理道德标准，并且勇于承认自己的错误。

管理实践

作为企业的领导者，不能自律，就无法以德服人、以力御人，如果无法取得员工的信赖和认可，将必败无疑。优秀的领导必须懂得，要求下属员工做到的事，自己必须首先做到。

最重要的工作是提出愿景
并激励他人为此奋斗

> 领导者就是那些可以清楚地告诉人们如何做得更好，并且能够描绘出愿景构想来激发人们努力的人。
>
> ——杰克·韦尔奇

杰克·韦尔奇是一位强硬的公司愿景拥护者。在他的著作《杰克：在领导一个伟大的公司和伟大的民族中我所学到的东西》中，他是这样说的："每当我有了一种想运用到这个组织中去的观点或者信息的时候，我从来都说不够。我在每次会议和每次考察中都会一次又一次地对它进行重复。我总是觉得我必须说到极致，好让大量的人们理解并追随这种观点。"

韦尔奇说："领导人，像罗斯福、丘吉尔和里根等人，他们有办法激励一些有才干的人，让他们把事情做得更好，而管理者呢，总是在复杂事务的细节里打转，这些人在'进行管理'的同时，'把事情弄得复杂'。他们往往试图去控制和抑制，把大量的时间浪费在琐碎的细节上。"

在被问到"你如何确保自己成为一个不进行微观管理的梦想家式领导人"的时候，韦尔奇这样回答：

明文写下愿景；

避免深陷细枝末节；

第六章 从管理者升级到领导者

雇用并提升那些最有能力将愿景转化为现实的人。

韦尔奇是这样解释员工的力量和真正的领导艺术的：不可能有哪项业务能够离开替补席上的运动员。真正的领导艺术来自一个人的愿景的质量，以及此人激发他人尽情施展的能力。最好的经理人并不用威吓胁迫进行领导（我是老板，你得照我说的去做），他们通过感召他人产生施展抱负的愿望来领导（这是我为我们的未来设置的愿景，这样做你就能帮助它成为现实）。

比如，他的关键性文化创意"群策群力"计划就是特别为确保每一名员工对企业应当如何运转都有发言权而设计的。通过引领员工为共同目标而奋斗，能有效地减少官僚主义、独断专行等阻碍员工才智发挥的障碍，为员工创造一个可以尽情施展的理想环境。

20世纪80年代初，通用电气是一个工业革命时代遗留下来的庞然大物，韦尔奇坚信它一定可以成为市场上高价值的供应商，高效率运营的公司。为了达到这个愿景，韦尔奇不断加强公司的学习能力和适应变化的能力，从而推动了公司的改革，使通用电气成为了全球最成功的国际企业之一。

韦尔奇上任伊始，就提出数一数二的战略愿景。他说："我们要能够洞察到那些真正有前途的行业并加入其中，要在自己进入的每一个行业里做到数一数二的位置——无论是在精干、高效，还是成本控制、全球化经营方面。不这样做，80年代的公司将不会再出现在人们面前。我们必须做到数一数二，因为，如果我们对一项业务的长期竞争力没有有效的解决方案，那么终将有一天业务会陷入困境，这只不过是时间早晚的问题。"

韦尔奇认为通用电气的各项业务都要力争在市场占有率、在竞争力上达到业界数一数二，否则就要处理掉。追求数一数二，这正是通用电气的新战略愿景。在此后的20年里，这一愿景就像一面旗帜，指引通用电气从当年的美国十强之一，变成世界第一；从当年的大而有些僵化的"超级油轮"，变成最具活力的企业——会跳舞的大象。

凡是成功的企业，都拥有一个激动人心的"共同愿景"：

通用电气：使世界更光明；

IBM公司：无论是一小步，还是一大步，都要带动人类的进步；

苹果电脑公司：让每人拥有一台计算机；

AT＆T公司：建立全球电话服务网；

福特汽车公司：让每一个人都能拥有汽车；

联想电脑公司：扛起民族微机工业的大旗；

……

在1933年松下电器公司的创业纪念日讲话中，松下幸之助详细阐述了实现企业共同愿景的设想。其著名的250年计划即是从这里开始：

"从今天起，往后算250年，作为达成使命的期间。把250年分成10个阶段。再把第一个25年分成三期，第一期的10年，当作建设时代；第二期的10年，当作活动时代；第三期的5年，当作是贡献时代。第一阶段的25年，就是所在的各位所要活动的时间。第二阶段以后，有我们的下一代，用同样的方法重复实践。第三阶段，也同样有我们的下一代，用同样的方法重复实践……依此类推，直到第十个阶段。换句话说，250年以后，要把这个世界变成一个物质丰富的乐土。

"如上所述，我们的使命，既任重又道远。从此刻起，我们要把这个远大的理想和崇高的使命，当作我们松下电器的使命。你们应该要自觉、勇敢地承受使命，若某人没有这种自觉的意识，我不得不认为他是与我们松下电器无缘的人。我们并不希求人数众多，我们需要的是，有使命感的人团结起来，朝着目标前进，这才是有意义的事。

"在此我必须声明一句话：我们的使命重大，理想崇高。因此，有时我不得不以严峻的态度要求你们。可是对各位的辛劳，我一定会重重地酬谢。

"松下电器从未设立过创业纪念日，也未曾举办过纪念典礼。可是今天我要指定五月五日是我们的创业纪念日，以后每逢这一天，一定要举行隆重的典礼来祝贺。我要把今年取名叫'命知'创业第一年，以后应当是命知第二年、第三年……依此类推，直到'命知'250年。'命知'的意义就是'知道生命'的意思。过去15年，只是胚胎期，今天，新的生命终于诞生了。释迦牟尼在母亲胎中孕育了三年三个月的时间，所以他会有异于常人、不平凡的创举。松下电器在母亲肚子里，呆了整整15个年头，我们应该有超越释迦牟尼的表现，完成我们的任务才行。"

听了松下幸之助关于共同愿景的演讲，全体松下员工无不为之斗志昂扬，宣誓为之奋斗终生。

正是在"要把这个世界变成一个物质丰富的乐土"这个共同愿景的指引和感召之下，松下电器公司成为了当今世界上数一数二的跨国公司，并且为人类文明的进步和发展做出了卓越的贡献。

我们再来看看福特公司是如何做的。一百多年前，亨利·福特说他的愿景是："使每一个人都拥有一辆汽车。"很多人认为他疯了。但是，当他离开这个世界时，他的T型车在美国卖出了1500多万辆，他的梦想已在当今的美国社会完全实现。在他的墓碑上刻着这样一句话："在他来到这个世界时，人们骑着马；当他离开这个世界时，人们开着车。"

正是亨利·福特伟大的愿景激励着福特公司的员工，为着一个伟大的梦想而奋斗，使福特公司成为今天世界上第二大汽车公司，也造就了福特公司这一伟大的团队。

管理实践

在韦尔奇看来，领导者应能为公司的发展做出愿景规划，而且思想与行动统一；还必须能够清楚地描述这个企业，并通过讨论、倾听与诉说来获得一个普遍接受的共识。这样，每一位成员就可以根据达成的共识，朝着成功的目标迈进。

一个企业必须有一个往何处发展的愿景，这样员工才能知道为了到达那个方向和目标，应该学习什么。一个人要想使自己的人生之路走得更好，也要为自己树立一个长远的目标。

高明领导者的下属不需要管理

管理者不要去管理监督员工，每个人都会在各种各样的原因下自己管理自己。

——彼得·杜拉克

杜拉克认为："我们有太多的管理者在使人无法工作。"长期以来，传统的观念认为，在企业中，管理者的职责是监视、监控，管理者只要监督下属的工作就行了。整个公司管理层只是到处举办高层会议，以确保企业和其他基层的工作运行正常，不出问题。结果，高级经理们沉溺于文件、报告、会议中，不给基层管理者做决策、展示才能的机会，渐渐失去了与下级沟通的机会。这就是那些管理者所做的一切，而且他们还认为这就是他们的工作。事实上，一个聪明的高层管理者，是不用事无巨细，全面管理的。宝洁公司的事例就是最好的证明。

在宝洁公司，当时他们提倡的是"办公室景观"的新观念，所有的办公室都是开放的，只是用盆景、可移动的壁板、书架、柜子之类的东西隔开。一家商业杂志社想对这个新观念加以报道，于是派人采访了总经理史旺生。

公司总经理带着杂志社的编辑参观办公室，这位编辑看到了美丽的办公空间和漂亮的员工休息间后问道："你们对员工喝咖啡的时间和休息的时间有何规定？"

"我们唯一的规定就是，不能在工作地点吃东西或喝饮料，因为我们不敢冒险弄脏这些整片的地毯，也怕会搞坏其他装潢。至于我们的员工，他们随时都可以到休息室舒展筋骨，也没有人为地规定喝咖啡时间。"总经理微笑着回答。

"完全没有规定？"编辑惊讶地问，"那你们如何防止滥用权力？员工岂不是想偷懒就偷懒？"

"我们不用防止权力滥用，也不怕员工偷懒，这些问题员工自行防止。"总经理说，"舆论和与生俱来的自尊就足以使每位员工都努力维护自己良好的形象。"看到记者迷惑的眼神，他接着说："当我们准备进行办公室美化时，一位心理学顾问建议我们实行这种政策，结果真的有效。你已经看到了，休息室像其他办公室一样，包括主管人员的办公室——全都是开放的空间——所有经过的人可以清清楚楚地看到里面的一切。每个员工都知道：自己离开工作的地方别人都看得很清楚，而且每个经过休息室的人都能看见他们在抽烟、聊天、吃东西时，他们当然就不会再滥用权力了。"

最后，这位总经理开了句玩笑道："让公众注意一个人的行动是最好的管理方法，而公司不必为此付薪水。"

这位总经理的话实际就是杜拉克的观点：管理者不要时刻去管理监督员工，每个人都会在各种各样的原因下自己管理自己。很多管理者过于迷信制度的作用，经常把制度提升到管理的核心位置。可是，管理者依然困惑：为什么制度很难执行？明明是大家应该做的东西，而这样对他们只有好处没有坏处，他们为什么不愿接受？

人的本性证明：不论是什么样的东西，凡是"强加"的就会遇到本能的抵抗。管理者不必把公司里所谓的精英的地位放得高高的。在以前的管理中"精英与普通员工的工作关系是管理与被管理"的观念必须改变。要记住，人是不喜欢被其他人管理的。

在1976年，雷夫寇提出了"关掉噪声"的实验报告。实验中，一些被研究的人员在进行解谜和校稿工作，周围不时制造出非常嘈杂的噪声。他们被研究的人员分成两组，第一组仅被要求要尽力完成工作，第二组则增设了一个可以关掉噪声的按钮。结果有按钮的第二组表现较佳，解谜是第一组的五倍，校稿的错误率也相对较低。但令人感到意外的是，第二组并没有人使用可关掉噪声的按钮。由此可见，只要让人们知道能自行调控，就可产生极大的差异。这一观念所体现的精髓便是"自我管理小组"。

自我管理小组没有安排任何直属主管，成员都是先接受培训以便承担工作挑战。只要赋予小组所需的资讯与任务，让他们自行安排每日的工作内容，自行设定目标，对质量管理、采购出勤和成员行为负责，并且让每一名成员都了解该小组职责范围内所有的工作内容。自我管理小组成功地实现了"放弃对员工的控制以便控制他们"的观念。如果实行得当的话，这种小组往往可产生很高的生产力。

宝洁公司实行"自我管理小组"已有40年的历史。20世纪60年代初，宝洁公司的管理者们开始接触自我管理小组的观念，当时，他们就认定这是主要的竞争优势，并把这项方法视为商业秘密！

人可以在不得已的情况下被强制，但是却永远不愿接受强制管理，甚至是作为他人意志的体现而强加于自己。这是人的本性，你不可以违背人的本性，否则，便会带来不必要的麻烦。人只能服从自己的意愿，只能自我管理。当企业的员工自己管理自己时，他们会去做企业希望他们做的事，而不是由任何管理者强迫他们去做。

员工不是资源，而是资源的掌握者，所以管理者不可以像使用任何资源一样使用员工、管理员工、控制员工。如果管理者有这样的观念，就肯定会受到来自员工阶层的各种形式的抵触，尤其当被管控的员工是公司里的最有"价值"的知识员工时，这种情况尤为严重，因为知识员工的自主性最强，他们绝对不会被动地接受强制管理。

随着管理新时代的到来，管理意味着是帮助而不是控制，是变复杂化为简单化。管理者不能再终日忙于计划、组织、指挥和控制。管理者必须通过培养积极的工作关系以加强员工的自尊；必须运用适当的人际关系技巧来激励员工；必须建立起一种关系，使集体的效率远大于简单的个体相加。管理者还要对员工进行必要的培训，让每位员工都能发挥自己的才能，以促使员工提高工作业绩；同时，管理者还必须创造良好的工作环境，为员工提供发展平台；另外，管理者还要对有贡献的员工给予必要的奖励。

现代管理不是要削减公司的管理层次和管理规模，更不是要减少"管理者"，而是"管理"观念从根本上的变革，使"管理者"变成以人为本，引导员工实现自我控制、自我管理的新型"管理者"，在公司形成一个宽松的工作环境，达到高效的工作效率。这种观念上的变革，其意义远远大于简单的精简管理层次。

管理实践

每一个人都是自己的主人，管理者的职责应该是引导员工成为自己的主人。每个人都会有某种强烈的需求，并希望能够控制自己的未来，哪怕仅仅一部分，这一点就是人的自主性。员工只要相对能控制自己的生活，就会觉得心情舒畅，也就会更具有生产力。

以专业知识和决策能力
为自己树立威信

一位称职的管理者，总是能够在面临棘手问题时，果敢决断。

——约翰·博格

管理者的担子重、责任大，欲履行好职责，是不能没有威信的。只有树立了较高的威信，才能增强教育人的说服力，团结人的凝聚力，工作中的号召力。

纵观世界500强企业，其管理者都有一种与众不同的风度，能做到言出必行，指挥若定，让下属感到威严而又可敬。那么威信来自哪里？它来自管理者渊博的知识、丰富的经验、果断的决策、良好的形象、卓越的技能。

个人威信与这样一种能力有关，这种能力影响当事者周围的人群、环境和条件。它可以使别人相信当事者的言行，从而按他的意志来做事情。

个人威信与个人特有的品质和特点密切相关。人格、能力、经验以及所控制信息都是形成个人威信的必不可少的条件，这些条件能够使当事者对某些后果产生影响从而增加他们的控制能力。成功者总是能够利用任何的机会和场合来扩大自己的个人威信，他们知道在任何时候，没有威信、不能影响别人的人是永远也不会赢得别人信赖的，而得不到别人信赖的人是不会把事情办成的。

作为管理者如果没有威信，虽然下属们表面虚心应承，背后却违领导者之意行之，可以想象，那将是怎样一种情况。作为一个管理者，必须在员工中树立起自己的威信，"说一不二"。这样，才能在任何情况下把组织活动控制在自己手中，一旦有了大的波动，出现混乱局面，一个权威声音总比大家一起吵吵嚷嚷更能解决问题。

管理者的威信来源于自身的丰富知识。知识尤其是与自身工作相关的专业知识是管理者的宝贵财富。专业知识不但是征服困难的力量，也是征服人心的力量。管理者具有丰富的专业知识，能够回答下属不能回答的问题，特别是领导者丰富的知识能够给下属带来实惠时，下属就会对领导者产生敬佩感，领导者就能在下属中树立起较高的威信。

500强管理者的权威建立在自身领导能力之上，在指派任务时，注意进行情况预测，对于任务的艰巨程度、领受任务下属的承受能力、分配任务时可能出现的问题等，都能做到心中有数，胸有成竹。必要时要事先与领受任务的下属相互沟通，事先做好工作，征询意见，尽量避免分配任务时出现顶牛现象。

500强管理者权威的树立关键还在于其领导能力和用人技巧。在决策前多听取意见，意见基本一致时，再定下决策。

作为一个管理者，在某些时候，为了避免决策错误，少做决策也是一个极好的办法。有的管理学家甚至这样说："一个单位总是需要管理者匆忙地去做决策的话，那就不是一个好单位。"如果这样的话，领导者会始终在一种压力下工作，不断地头痛医头、脚痛医脚。

500强的管理者只有在处理某几个重要的事务时才亲自做决定。

管理者发出的指令能否得到最有效的施行，直接关系到其权力的影响度和威信的力量。500强管理者的管理经验证明，中层领导谨言慎行、不轻易许诺是做好中层领导的必备素质。

管理者往往与员工接触较多，关系也相对于高级领导更紧密，不自觉间，往往忘记自己肩负的领导职责。殊不知，圣人举步，众人瞩目。管理者的一举一动，必引起相当多的人注目而视。可谓船摇一尺，桅摆一丈。因此，应该对自己的言行执有戒惧、审慎的态度，才能名符金口玉言之实。

不少管理者所做的最不可取的一件事就是爱许诺，可他们却又偏偏不珍惜这一诺千金的价值，在满足了下属的希望之后，又留给了人们漫长的等待与终无音讯可循的结果。

诺言如同激素，最能激发人们的热情。试想你在头脑兴奋的状态下，许下了一个同样令人兴奋的诺言：若超额完成任务，大家月底将能够拿到40%的分红。这是怎样的一则好消息啊，情绪高亢的人们已无力辨认它的真实性，想象力已穿过时空的隧道进入了月底分红的那一幕。

难以兑现的诺言比谣言更可怕。虽然，谣言会闹得满城风雨、沸沸扬扬，但人们很快就会明白事实的真假，但未实现的承诺骗取的是人们真心的付出。就像你让一个天真的孩子替你跑腿送一份急件，当孩子跑回来索要你的奖赏时，你已溜之大吉，那孩子可能会由此而学会收取定金的本领。一旦你的员工有了这样的心态，那你在组织中就是一个彻底的失败者，你的权威没有了，必要的信任也消逝了。

你的命令不是圣旨，但你的承诺却有着沉甸甸的分量。对于你不能实现的诺言，最好今天就让下属失望，而不要等到骗取了员工的积极性后的明天让他们更失望。

高层管理者要想有威信，并不单纯靠权力，要看能力、水平、思想方法、处事技巧。权力平台提供了展现的机会，也容易暴露不足。企业最高管理者，既要懂得专业技术、生产过程，还要懂经营管理。更重要的是能够及时发现和抓住市场机会，及时带领团队创新，给团队以信心和经济实惠，使下属对其充满希望。仅靠权力"管、卡、压"或靠狡黠之术是不会长久的。

管理实践

　　一个管理者，言行举止必须有一定的权威性，如果管理者说话做事无人信服，那是很可怕的。威信是管理者通过长期的、无私的为集体奉献和服务，并且在某些方面具有一定的特长，从而逐渐地建立起来的。

秒针走得不准，时针就无法走准

> 如果你想经营出色，就必须使每一项基本的工作都尽善尽美。
>
> ——克洛克

一个计划的成败不仅仅取决于设计，更在于执行。如果执行得不好，那么再好的设计，也只能是纸上蓝图。惟有执行得好，才能完美地体现设计的精妙，而执行过程中最重要的在于细节。

比如，对于营销来说，一个营销方案是否能取得预期效果，就还原创意和实现创意的过程而言，执行过程中的细节绝对是重中之重。

某乳品企业营销副总谈起他们在某市的推广活动时说："我们的推广非常注重实效，不说别的，每天在全市穿行的100辆崭新的送奶车，醒目的品牌标志和统一的车型颜色，本身就是流动的广告，而且我们要求，即使没有送奶任务也要在街上开着转。多好的宣传方式，而别的厂家根本没重视这一点。"

然而，这个城市里原来很多喝这个牌子牛奶的人，后来却坚决不喝了，原因正是送奶车惹的祸。原来，这些送奶车用了一段时间后，由于忽略了维护清洗，车身沾满了污泥，甚至有些车厢已经明显破损，但照样每天在大街上招摇过市。人们每天受到这种不良的视觉刺激，喝这种奶还能有味美的感觉吗？

创造这种推广方式的厂家没想到："成也送奶车，败也送奶车"。对送奶车卫生这一细节问题的忽视，导致了这一创意极佳的推广方式的失败。

同样的问题越来越多地出现在各企业的各个营销环节中。很多企业在营销出现问题的时候，一遍遍思考营销战略、推广策略哪儿出了毛病，但忽视了对执行细节的认真审核和严格监督。如果从一个营销活动的执行而言，细节的意义更远大于创意，尤其是当一个方案在全国多个区域同时展开时，如果执行不力，细节失控，最终很可能面目全非。而每一个细节上的疏忽，都可能对整体的成功形成"一票否决权"。

2003年2月1日美国"哥伦比亚"号航天飞机返回地面途中，着陆前意外发生爆炸，飞机上的七名宇航员全部遇难，全世界感到震惊。美国宇航局负责航天飞机计划的官员罗恩·迪特莫尔被迫辞职。此前，他在美国宇航局工作了26年，并已担任4年的航天飞机计划主管。事后的调查结果表明，造成这一灾难的凶手竟是一块脱落的隔热瓦。

"哥伦比亚"号表面覆盖着2万余块隔热瓦，能抵御3000摄氏度的高温，以免航天飞机返回大气层时外壳被高温所融化。1月16日"哥伦比亚"号升空80秒后，一块从燃料箱上脱落的碎片击中了飞机左翼前部的隔热系统。宇航局的高速照相机记录了这一过程。

应该说，航天飞机的整体性能等很多技术标准都是一流的，但就因为一小块脱落的隔热瓦，就毁灭了一座价值连城的航天飞机，还有无法用价钱衡量的七条宝贵的生命。

在执行环节，不仅要细致到位，而且也要注重执行过程中的创新与突破。执行环节的创新虽然与整体方案的创新相比更加细微，但正是这细微之处更能显现效果。

如在某城市，在"感冒旺季"的时候，各品牌感冒药都在各个终端药店派驻了促销员。但A品牌的感冒药在执行层面要领先其他品牌一步。当该品牌着装整齐、佩戴统一校徽、具备丰富产品知识的300名医科女大学生出现在各个终端药店进行促销的时候，立刻把别的品牌的促销员比了下去，而且她们的素质与知识以及经过强化培训的促销技巧，在与消费者的沟通中更显优势。

管理实践

　　每个人都希望自己成为伟大的人，企业也希望能够做大做强。殊不知这伟大的强盛的背后是由无数个细节积累起来的。但人们总是不愿顾及这些背后的细节，他们只看到了辉煌的表象，而那些深层次的问题他们都不愿去深究。其实，"不积跬步，无以至千里"。任何事物都不是由一个很小的状态一下子变得很大的。只有认真做好每一个小的细节，伟大之光芒才会在你面前闪耀。

准确定位领导角色

管理者必须通过各种方式领导别人一起达成目标，这是对管理者的基本要求，也是管理者的必备技能。

——保罗·托马斯

人生是个大舞台，每个人都是演员，只是角色不同罢了。自己所扮演的角色是否成功，是否到位，直接关系着你人生的成功与否。现实中往往有些人不是没有能力，也不是不努力，可就是与成功无缘，其中一个重要的原因就是缺乏角色意识。

管理者在企业经营中处于至关重要的地位。企业经营成功与否，在很大程度上有赖于管理者角色的发挥。

管理者在企业中应该扮演什么样的角色呢？很多中国企业的领导没有意识到自己应该扮演的角色和起到的重要作用。管理者角色是多样性的，多样化的管理构成了领导的职责。

管理者在管理工作中必须扮演好下面10种角色。

（1）首脑。

作为企业组织的首脑，每位管理者有责任主持一些仪式，如接待重要的访客、参加某些职员的婚礼、与重要客户共进午餐等。据调查，首席执行官将12%的沟通时间花在仪式性的职责上，在他们收到的信件中，有17%是与其地位相关的感谢信或邀请函。涉及人际关系角色的职责有时可能是日常事务，几乎不包括严肃的交流或重要的决策制定，然而，它们对组织能否顺利运转非常重要，不能被忽视。

（2）领导者。

由于管理着组织，管理者就对该组织成员的工作负责，在这一点上就构成了领导者的角色。这些角色有一些直接涉及领导关系，如在大多数中国企业中，领导者通常负责招聘和培训职员。另外，也有一些行动是间接地扮演领导角色，如每位领导者必须激励员工，以某种方式使他们的个人需求与组织目标达到和谐。事实上，在领导者与员工的每次接触中，员工都会通过一些线索来试探领导者的行动：他同意吗？他喜欢什么样的报告？他对市场份额比对高利润更感兴趣吗？……

（3）联络人。

过去的企业管理从来都承认领导者的角色，特别是那些与激励相关的部分。相比之下，直到最近一两年，管理专家才开始关注管理者在他的垂直指挥链之外与人接触的联络角色。实际上，企业管理者花在同事、企业之外的其他人身上的时间与花在自己下属身上的时间一样多。并且，令人吃惊的是，他花在上级身上的时间却很少，通常这三种情况所花时间的比例分别是45%、45%和10%。

（4）监控者。

依靠包括下属在内的人际关系网的联系，管理者成为组织的神经中枢。他不可能知道每件事情，但却肯定比任何下属知道得多。作为监控者，管理者为了得到信息，需要不断审视自己所处的环境。他们询问相关联系人和下属，接收主动提供的信息（这些信息大多来自他的个人关系网）。担任监控角色的管理者，所收集的信息很多都是口头形式的，通常是传闻和流言。这些各种各样的联系使领导者在为组织收集"软信息"上具有天然的优势。

（5）传播者。

管理者必须分享并分配信息，企业内部可能会需要这些通过管理者的外部个人联系收集到的信息。在传播者的角色中，管理者需要直接传递给下属一些他们独享的信息，因为下属没有途径接触到它们。当下属彼此之间缺乏便利联系时，管理者有时会分别向他们传递信息。

（6）发言人。

管理者有时需要把一些信息发送给组织之外的人，比如发表讲话或者向供应商建议改进某个产品等。另外，作为发言人角色，每位管理者必须随时告知并满足控制其组织命运的人或部门的要求。比如，企业的首席执行官可能要花大量时间与有影响力的人周旋，要就财务状况向董事会和股东报告，还要履行组织的社会责任等。

（7）创业者。

管理者必须努力组织资源去适应周围环境的变化。在监控者角色里，管理者不断寻找新思想。而作为创业者，当出现一个好主意时，管理者要么决定一个开发项目，直接监督项目的进展，要么就把它委派给一个下属。

（8）危机处理者。

创业者角色把管理者描述为变革的发起人，而危机处理者角色则显示领导者非自愿地回应压力。在这里，管理者无力控制某些突发事件、某个主要客户的破产或某个供应商违背合同等变化。实际上，每位管理者必须花大量时间对付高压或骚乱。没有企业能够事先考虑到每个偶发事件。骚乱发生的原因不仅是因为拙劣的管理者忽略形势直到它们达到了危机程度，还因为好的管理者也不可能预测自己采取的所有行动的结果。

（9）资源分配者。

管理者负责在组织内分配各种资源，他分配的最重要的资源也许就是他的时间。接近管理者就等于接近了组织的神经中枢。管理者还负责设计组织的结构，即决定分工和协调工作关系的模式。

（10）谈判者。

谈判是管理者不可推卸的工作职责，而且是工作的主要部分。管理者需要花费相当多的时间用于谈判，因为只有管理者有权把组织资源用于"真正重要的时刻"，并且只有他拥有重要谈判所要求的神经中枢信息。

管理者扮演的这10种角色不能轻易分开，它们形成了一个统一的整体。没有哪种角色能在不触动其他角色的情况下脱离这个框架。比如，如

213

果一位没有联络交往的管理者缺乏外部信息，那么他就既不能传播下属需要的信息，也不能做出充分响应外部条件的决定。

管理实践

一名管理者，要演好自己的各种角色不是一件容易的事，但也不是一件难事，关键在于是否有角色意识。有了这种前提，余下的就是能力问题了。

管理者最重要的角色
——"领头羊"

> 管理者应该用自己的乐观与自信去感染周围的每一个人，给他们以勇气和力量。
>
> ——杰克·韦尔奇

优秀的企业需要优秀的领导，优秀的领导是企业成功发展的基础。只有领导管理方式正确、工作氛围良好，员工才能全力以赴地工作。毫无疑问，埋头苦干是中国企业中管理者的一种良好品质，但作为优秀的管理者，仅仅如此还远远不够。

是不是管理者的每一个角色都一样重要？当然不是。成功的管理者应当是一只"领头羊"，他的价值就是把一群人带动组织起来。这是管理者所有角色中最重要的一个。

企业领导必须与员工打成一片，绝不能搞个人崇拜。这是因为，许多员工对企业内一手遮天的领导非常反感。领导要多和员工谈心，但最好以员工关心和喜欢的事为话题，千万不要滔滔不绝地吹嘘自己。要严格做到组织目标和个人目标的统一，并努力把所有成员"导向"目标，因为员工看不到自己的前途，就没有干劲。

企业管理者应该知道，要使员工能共同奉献于企业的愿景，就必须使目标深植于每一个员工的心中，必须和每个员工信守的价值观相一致，否则，不可能激发这种热情。

企业领导获得追随者的能力，主要表现在三个方面。

（1）远见卓识。

领导的作用应该是，在大家束手无策的时候，引导追随者沿着一定的方向前进。身为企业领导，要有超乎寻常的远见卓识，只有这样才能告诉追随者们应该朝哪个方向走；然而这条路又是未知的，所以他又要走在队伍的最前面。领导者在关键时刻可使团队士气大振，凝成一股强大的冲击力。

企业领导的远见卓识，不仅在于为追随者指明应该前进的方向，关键还在于能将追随者引导到他们希望去的地方。也就是说，企业领导的管理目标应与团队价值观相一致，这样才能顺人意、得人心。

（2）示范表率。

企业领导不仅是原则的维护者，也是原则的执行者。他就好比团队的一面旗帜，一声号角。他的行为，感染着追随者的行为；他的指向，引导着团队的方向。

在领导直接下属的过程中，企业管理者应注意发挥在组织中的"示范效应"。要达到这个目的，就应该在做到"严于律己"的同时，把律己的影响力辐射到你的周围，在本部门甚至本企业的所有成员中产生反响。要让员工们感到，企业领导既是一个组织中人事制度与政策的制定者，同时又是模范的执行者。

为了在员工中真正起到鼓舞、吸引、导向和榜样作用，管理者应注意以下几点。

①要了解你的下属关心什么、干些什么、需要什么，并尽力满足他们的合理要求。

②要想赢得下属的尊重，首先要尊重下属。要懂得你的权威不在于手中的权力，而在于你的下属的信服与支持。

③要学会利用各种机会和方式使下属清楚：你知道他们干得好坏。

④做到从内心深处喜欢所有的人。切记：信赖导致信赖，怀疑导致

怀疑。

（3）导师培训。

企业领导不仅是员工的领袖，也是下属的导师。企业领导应该教给下属的是行为原则，即面对不同问题的正确反应。企业领导作为一个原则的确立者及维护者，不一定需要亲自提出原则，但一定要严格地掌控原则，要将原则传达给每一位下属，常用的方式是开大会、喊口号、贴标语，甚至是个别谈心。

在更多的时候，领导的作用还在于启发下属。把事情交给下属处理是一条重要的用人原则。在通常情况下，为了避免因考虑不周或技巧不够而造成一些缺憾，上司往往习惯于指示下属应该如何做。但如果指示太过详尽，就可能使下属养成不动脑筋的依赖心理。一个命令、一个动作的机械工作，不但谈不上提高效率，更谈不上培养人才。在训练人才方面，最重要的是引导被训练者反复思考、亲自制订计划并付诸行动。只有独立自主，才能独当一面。对领导者而言，最重要的工作就是启发部属的自主能力，使每一个人都能独立作业，而不是成为惟命是从的傀儡。

在日常工作中，你既要像运动员那样，和全体员工一起向着共同目标努力冲刺，又要像教练员一样，随时对员工给予指导和帮助，鼓励他们向终点冲刺。对此，一些成功的企业领导有如下六项体会。

①要注意依靠大家办事，经常提醒自己："我们"比"我"更重要。

②要知道被领导者总是以领导者的言行来决定自己的行为。

③首先不是去管理员工的行为，而是要争取他们的心。

④要让公司中每一位成员都对公司有所了解，逐步增加透明度，培养员工的群体意识。

⑤要设法不断强化所有员工的敬业精神，使其知道：没有工作热情，学历、知识和才能都等于零。

⑥如果下级都对你敬而远之，你将成为"孤家寡人"，因此要平易近人。

有良好个人品质的领导更让员工信赖，即使才学稍逊，也比那些才能出众而品质低劣的领导更有领导力。品质好的领导，员工当然愿意与他合

217

作，并贡献出自己的力量。但是，单靠良好的个人品质还不能成为"领头羊"，这些品质必须和积极与人沟通的能力结合起来才能发挥作用。

企业领导应与员工建立良好的人际关系，主动关怀员工，学会与员工交谈并调动员工的积极性。企业领导通过这一过程，将自己的领导魅力焕发出来，对员工产生潜移默化的吸引力和巨大的鼓舞力量。

领导力不是一个领导、一个职位或一个项目的力量，而是企业领导与追随者互动时所发生的相互作用的关系，这种相互作用的关系并不像有些领导认为的那么简单，也不仅仅是上下级的关系。

那么，企业领导与追随者相互作用的关系应如何建立起来呢？

它是追随者在与企业领导交往过程中被领导者出色的素质与魅力吸引后，很自然地被吸引到企业领导身边，并与之建立起的那种相互作用的关系，使双方相互吸引、相互认同、相互影响。企业领导与追随者的关系正是这样由少到多、由短暂到长期地建立起来的，两者之间的相互作用也会逐步加强，并最终形成一股能达成共同目标的力量，团队的潜力才会爆发出来，成为促进团队前进的动力。

管理实践

如果说企业是一辆载满乘客的巨轮，那么企业领导就是这艘巨轮的船长，他掌控着这艘巨轮远航的命运。企业领导是组织的行动灵魂和精神领袖，这就是管理者无可逃避的定位。一个成功的、优秀的、伟大的企业领导必须完成的第一件要事就是为自己明确定位，主动地承担自己的责任，时刻牢记并扮演好自己的角色。

适当集权不等于专权独裁

> 成功的企业领导不仅是授权高手，更是控权的高手。
>
> ——彼特·史坦普

监控，从一定意义上，是指管理者将权力上收，是一种集权的表现，这是科学授权的一种重要保证。但凡事都有两面，权力控制若走上了极端，便又变成了专权。在现代社会，这极易引起下属的反感，甚至会将整个事情进展引向极不理想的方向。所以，作为管理者一定要掌握好原则问题。

（1）民主原则。

民主原则，就是指管理者在控权的过程中，要走群众路线，听取员工的看法，实现民主决策。

民主原则是管理者在工作中处理与员工关系应遵循的基本原则。管理者与员工最基本的关系，是权威和服从的关系。

管理者要遵循民主原则，首先要有民主意识。贯彻民主原则的基础和前提是具有民主意识，较好的民主意识对管理者遵循民主原则会发挥重要的指导作用。

管理者要遵循民主原则，就要有平等意识。管理者在行使权力过程中，应该把员工视为朋友，以平等的态度对待，不摆架子，不打官腔，充分尊重员工的权利，在管理者与员工之间建立一种互相了解、互相帮助的新型的关系，把员工对自己的服从性和自觉性结合起来。

219

（2）依法原则。

依法原则，就是指管理者要在法律、制度、政策规定的范围之内，正确地运用权力。法是法律、法令、制度、规定的总称。

管理者注重法制，就是要在自己的权限范围内，严格依照法律和制度来进行管理。任何管理都是对一个单位的管理，都是对一个群体的管理。管理就需要法，若离开了法，单位本身也就难以存在，群体就难免解体。管理一个国家需要有国法，管理一个单位也需要有规章制度。一个群体只有在一定的规则之内行动，才能保证单位的完整性、稳定性、正常性、和谐性。既然法是一个系统存在和发展的保证、正常运转的规则，那么作为掌握一定权力的管理者，在行使权力时，首先就要注重法制建设，做到"有法可依""有章可循"。在遵循国家的法律、政策的同时，对本单位需要规范的问题用明文规定出来，明确允许怎么做，不允许怎么做，作为规章制度，用以约束下属，也作为处理和解决问题的一个重要依据。

遵循依法原则，还要求管理者要依法用权。管理者职位有高低，权力有大小，但是无论职位多高，权力多大，都必须受法律的约束，都必须在法律、制度、政策规定范围之内行使权力。

（3）廉洁原则。

廉洁原则，就是指管理者在运用权力时，要奉公守法，廉洁自律，不以权谋私，应运用权力更好地为员工和企业服务。

权力是为了完成各种不同职能而被赋予的，它是完成工作任务的工具。凡是掌握一定权力的管理者都有圆满、认真完成本职工作的职责。从这个意义上说，没有无责任的权力，也没有无权力的责任。责任与权力是相伴而生的。

坚持廉洁原则，不以权谋私，不是一个深奥的理论问题，而是一个实践问题，重在行动、贵在自觉。评价一个管理者是否廉洁，不是看他定了多少条措施，做过多少次声明，而是看他在行使权力中做得如何。一个管理者只有排除个人主义、私心杂念，不打自己的"小算盘"，才能坚持廉洁原则。

坚持廉洁原则，就要加强思想道德修养。管理者的思想道德状况制约着权力的使用。管理者集权时，其思想和行为都应遵循道德规范和准则，这就是职业道德。

不讲原则的集权，都是滥权。这一点，每位管理者都应铭记于心。管理者还要注意以下五个针对授权的集权原则。

（1）可能损失原则。

凡后果严重的，可能影响全局的，可能造成的损失较大的，应由管理者决策。

（2）责任范围内原则。

一项重大决策需由管理者承担法律责任的，应由管理者做决策。

（3）决策范围原则。

凡需做出一致性规定的，指导全局工作或规范全体成员行为的，应由管理者决策。

（4）监督考核原则。

凡属应由上级对下级工作进行监督考核的，要由管理者决定。

（5）任务性质原则。

各部分任务性质相同的内容，为保持政令统一，宜由管理者做决定。

管理实践

管理者要掌握集权和放权的良好运用：集权过分，下属会认为你不近人情，缺乏理解，从而产生逆反心理，不愿干出成绩；过分放任，会使你显得软弱，缺乏应有的威慑力，从而使下属对你的命令或指示置若罔闻。

真抓实干比能言善辩更重要

> 若不能从根本着手，奢谈企业管理是没有用的。管理没有秘诀，只看肯不肯努力下工夫，凡事求其合理化，企业经营管理的理念应是追根究底，止于至善。
>
> ——王永庆

提升管理者的感召力，很重要的一条就是管理者必须真抓实干。埋头苦干、脚踏实地，既是一种工作态度，也是一种管理思想。

"空谈误国，实干兴邦"。衡量一个管理者作风的优劣，不仅要看他讲得如何，更要看他干得怎样。一个合格的管理者，决不能坐而论道、电话里问情况、材料里找根据，而必须深入实际，亲自调查研究，将"实"字贯穿工作的始终，做一名真正的实干家。

那么，管理者应注意哪些方面呢？

（1）在危急时刻，管理者应展示坚定勇敢的形象，借以产生强大的号召力和凝聚力。

这种作用在生死攸关的战场上，在抢险救灾的搏斗中，在条件恶劣的环境里，尤其显得必要。

（2）在平时，管理者应树立自律自重的形象，借以形成感召力，影响员工的行为。

管理者只要按照你们要求员工做到的，自己首先要做到，哪怕是一个不大的行为，一个细微的表情，都可能产生意想不到的效果，而且职务越高影响就越大。这些极平常的细微的动作，员工看了会产生亲近感，并由小及大，推测管理者的为人品行，进而产生信任感。

（3）在特殊情况下，管理者应塑造同舟共济的形象，发挥激励作用。

有时管理者为了突击完成艰巨任务，需要亲临现场，做一些力所能及的事情，有意识地通过自己的行动给员工以激励和鼓舞，其效果也是十分明显的。

如某单位的一项工程必须在暑期完成，工作相当艰苦，这时正值天气酷热，工人们在烈日下施工，个个汗流浃背，有的干脆光膀子干，但工程进度依旧缓慢。负责这项工程的领导年纪比较大了，他本来可以在有空调的办公室里指挥，可是他没有那样去做。他在布置完工作后，便到现场，就坐在工地上，有时还会亲自上阵。天热，他也脱了上衣，有扇子也不扇，工人干多长时间，他就陪多长时间。工人们很受感动，奋战一暑期，使工程提前完成了。这样惊人的速度与管理者和员工们同舟共济是不无关系的。

在现实生活中，有些管理者对于一些小事不屑一顾，以为只要把大事抓好就行了，其实这种认识是片面的，因为这些小事的影响并不小。再说要做到这些并不需要管理者花多大心思，有时就是举手之劳，便可产生巨大的效果，何乐而不为呢？

管理实践

一个人如果没有实干精神，做任何工作都将一事无成；一个管理者如果缺乏脚踏实地的实干精神，工作浮在面上，成绩挂在嘴上，凡事浅尝辄止、蜻蜓点水，遇到矛盾绕着走，遇到困难就低头，是不可能把工作做好的，更不可能管好别人。

做领导，功底越厚越好

管理阶层的领导能力是刺激员工努力工作的原动力。

——毕雷敦

俗话说，打铁先要自身硬。作为一名管理者，如果自身的能力还没有员工高，又怎么能让他们口服心服？现在是一个凭实力说话的时代，没有真本事，在给员工下达命令时可能就会遭到抵抗。员工们嘴上不说，心里都会念叨："他能力还不如我呢，凭什么命令我？"即使他们勉强接受了，也常常会消极怠工。这样一来，管理者的感召力又从何说起？企业又将如何生存发展？你还能在这个位置上坐多久？

做领导，功底越厚越好，拥有的知识越丰富越好。知识，尤其是与自身工作相关的专业知识，是管理者的宝贵财富。专业知识不但是征服困难的力量，也是征服人心的力量。

但在这个科技迅猛发展的时代，下属在学历、知识更新以及上进心方面甚至比管理者都要更胜一筹。在这种情况下，管理者要想成为"师者"，不进行广泛、深入的学习是不行的。

如今的信息更替频繁，也许昨天还是最新的情报，如果今天不用，明天就会变得一文不值。管理者必须及时掌握行业动向以及本公司的实际经营状况。根据经营环境的变化，随时对组织内的人、商品及资源进行调整。这样，才能跟上时代的步伐，取得事业的成功。

一个管理者要随时随地研究和注意自己领域的知识与技能，而且一定要研究得十分透彻。在这方面，千万不能疏忽大意、不求甚解。有些事情可能看来微不足道，但也要加以仔细地观察；有些事情虽然有困难险阻，但也要努力去探究清楚。如能做到这一点，则管理过程中的一切障碍，都可以一扫而尽；你的魅力也会因此而提高。

在很多企业中，常常有人从管理者的位置上被赶下来。其中的大部分人都是因为自己没有进一步发展，而驻足不前被人超越，最后丢失了原有的位置。这些人也许一开始有深厚的专业知识，后来没有用心去积累经验、学习才能，遇到工作也是马马虎虎、敷衍了事。试问，这种人怎么可能在领导的位置上坐稳呢？

有些管理者时时注意身边的事务，随时随地学习研究，处处在意积累经验，他们能把自己的工作、自己的机构当作一所不断学习的学校。由于他们总肯努力钻研、刻苦磨炼，因此进步神速，成绩斐然。

一个明智的管理者随时随地都注意提高自己的专业知识，任何事情他都想做得高人一筹；对于一切接触到的事物，他都能细心观察、留意研究，对重要的东西务必弄得一清二楚方肯罢休。他也随时随地把握机会来学习、磨炼、研究，更看重与自己前途有关的学习机会。在他看来，积累知识要远胜于积累金钱。

优秀的管理者总是随时随地都注意学习管理的方法和技巧。有些极小的事物，他也认为有学好的必要；对于任何做事的方法，他都要详细考察，探求其中获得成功的诀窍。如果他把所有这些事情都学会了，他所获得的内在财富要比那有限的薪水和现有的位置高出数倍，而他的个人感召力也会不断提升。

管理实践

管理者一定要不断学习专业知识，这样才能在竞争激烈的职场中得以生存和发展，才能让自己拥有无穷的个人魅力，才能管理好自己的员工。

区别对待解决大事和小事的人物

> 管理者需要的是一套判断标准，使他能做真正重要的事情，那就是有贡献的、有成效的事。
>
> ——P・德鲁克

人与人有很大的不同，有的人喜欢挑战性的工作，喜欢解决那些艰难的大问题，有的人喜欢轻松的工作，喜欢解决那些没有难度的小问题。通过一个人解决问题的能力，你可以掂出他本人的分量，然后区别对待，以发挥他的潜力。

在每个组织机构里，都有一些"解决小事"的人物，也有"解决大事"的人物。所谓"解决小事"的人，你一定会知道他是怎样的一些人了。一般他看不清事情的先后顺序，但也许他是故意的。遇上了重要的事，他会专挑一些较小的、容易而不致太伤脑筋的事情去做。他分析那些小事，安排那些小事，忙着拨电话，使小事扩大，而且在备忘录上满满地登记下来。他可以花上半天时间，为找一本说明书忙得团团转，或是做些无谓的工作。而正在此刻，那些"解决大事"的人，可能已经解决了几件大事。

在企业界，从事"自我管理"的人越来越多。他们可以自己决定如何管理自己的时间，他们可以自己决定应做些什么、如何做以及什么时候做。他们之中，有些人是"解决大事"的人，能从每分、每秒的时间中挤出一分价值来，并聚零为整。但也有人不仅在浪费他们自己的时间，而且还在浪费别人的时间。他们处理问题时，总喜欢把小问题说得津津有味。

有些公司花费可观的时间和金钱，想要选择优秀人才。这样的公司，有他们一套经过精心设计的程序、报告、记录和测验方法。但你若要衡量一个人的分量，却不必多花那种时间和金钱。你只要给他一个机会，看看他喜欢解决哪一类的问题，便能知道其分量了。由此你可以知道他的智慧如何、信心如何、与人相处的方法如何以及才能如何等，这真是一项最快速、简单、精确和省时的衡量方法。

读到这里，作为管理者一定会希望自己的员工中能"解决大事"的人物越多越好，而仅能"解决小事"的人物越少越好。事实上，大多数人都喜欢解决较容易的问题，是因为它能令人愉快。但也有人喜欢处理艰难的问题，从而使自己得到锻炼和发展。只是这一类人比较少。一旦你发现了一位善于"解决大事"的人，你可得紧紧地抓住他，他可能就是一位你未来的左膀右臂。

当然，对于"解决小事"的人物，我们且慢给予过严的责备，也许那不是他的过错。也许他需要训练，也许他需要激励，或者他需要考验，或是他需要另换一项不同的工作。

管理实践

　　每个人都有自己的优点，管理者要做的就是，发挥他们的长处和优点，规避他们的短处和劣势。我们要注意的是，别将大问题交到那些"解决小事"的人手里。更要注意的是，将小问题交给"解决大事"的人的手里，比将大问题交给"解决小事"的人的手里还要糟。因为他们必将厌烦乏味，不仅把兴趣转移到别的方面，而且还可能离你而去，那就等于糟蹋人才。

对自己的思维"精耕细作"

> 所谓企业管理就是解决一连串关系密切的问题，必须系统地予以解决，否则将会造成损失。
>
> ——普赛尔

一个企业管理者的思维是否有效，与其是否"精耕细作"有直接关系。有些管理者对自己粗心大意，草率马虎，结果把有可能办成、办好的事情，弄得七零八落；但是有些善于经营的人则不然，他们认真考虑每一个工作环节，绝不放过一个漏洞，总是让思考达到臻于完美的程度，这样他们做事就有了较大的成功概率。

鲍比从日本回到南非，想投资开一个日本料理店。他跑遍了整个城市，看了无数房子，从中挑出了10个列为备选店。他将这10个备选店在位置、环境、布局等方面的优劣列成清单，反复比较，从中选出3个。然后他再将这3个店的位置、环境、布局及服务内容等方面列成一个更为详细的调查表，委托一家信息咨询公司做市场调查，根据调查反馈，最后确定下其中的一个。

店面确定后开始装修，鲍比向装修公司极其详细地讲述他的意图。不仅店内所有的空间包括门厅、厨房、卫生间里的每一个角落他都不放过，而且，店外远至百米的路段他也做了精心布置，简直精细到极点。

鲍比的一位朋友开始为其认真的态度所感动，继而就有些不耐烦了，进而觉得鲍比有些陌生，原来挺豪爽大气的一个人，几年不见，怎么竟变得婆婆妈妈，心细如针？但装修好后，鲍比认为，这个店给人的第一感觉是舒服，第二感觉还是舒服，你能想到的他都想到了，你没想到的他也想到了。可他还是不放心，让朋友们帮他挑毛病。朋友们看着他，越发觉得他陌生了。从选店到装修，鲍比不仅多跑了许多路，多花了许多钱，更重要的是，多花了许多时间。如果换成他们，早就营业赚钱了，可他还在这里挑毛病。

于是，一位朋友对鲍比说："挺好的，赶快开业吧，早开一天早收入一天。"

鲍比回答说："正式开业还要等一个星期，从明天开始，我请你带朋友来吃饭，全部免费，但有一条，每吃一次，至少要提一条意见。"

"为什么？

"因为在日本，不能让客人等待超过5分钟，不能让客人有任何不满意的地方。现在开业，我没有把握，所以我付费请咨询公司替我找最挑剔的顾客来。如果你方便也请你来，多挑毛病，拜托了！

"你也太认真了，这是在南非，不用这样，要我说，先开业，发现问题再说，现改也来得及。

"不，我不能拿顾客做试验。在日本，我做过调查，开业最初10天进店的顾客，基本上是长期顾客，如果你在这10天留不住顾客，你就得关门。

"为什么？一个新开的店，有点不足是难免的，客人也会谅解的，下次改正就行了。

"不，在日本，没有下次，只给你一次机会。我刚到日本和日本人交往时，觉得他们很傻，你说什么他都信，你如果想骗他其实很容易，但是他只给你骗一次，以后他永远不会再和你来往。在日本，只要是你本人的原因犯错，你就得走，你不能说：对不起，这次我错了，给我机会，我保证下次改。没有下次，只给你一次机会。"

鲍比的朋友突然明白，他如此认真，如此精细，原来是这个看来没有什么了不起的料理店，在鲍比看来，仅次于他的生命。因为他深深知道，这既是他的第一个店，也是他的最后一个店，成败只此一次，没有下一次，更无下下次。因此，鲍比从始到终对自己所做的事都坚持"精耕细作"。他由此而成功，终于成为南非开普敦最大的"日本料理店"总经理。

管理实践

管理者在处理问题的时候不能过于粗糙，在一些具体问题上应该"精耕细作"，将问题考虑到最细的环节，才能做好管理工作。

急于求成是天下人最容易犯的通病

> 决策的最佳时机并不仅仅是快速，而是适速。
>
> ——皮尔斯·卡特

任何事情都有一个必须要经过的过程，不可能一蹴而就。我们知道，急于求成是人们最容易犯的通病，他们不分轻重缓急，只凭个人的想法去做事，结果往往是欲速则不达。

同样，企业决策也要有轻重缓急。这是企业管理者应当把握住的问题。一个企业无论如何简单，无论管理如何有序，企业中有待完成的工作总是远远多于用现有的资源所能做的事情。因此，企业必须要有轻重缓急的决策，否则就将一事无成。而企业对自己之所知，对自己的经济特点，长处与短处，机会与需要的决策分析，恰恰也就反映在这些决定之中。

懂得轻重缓急的决策体现了企业管理者的远见和认真的程度，决定了企业的基本行为和战略。

机会和资源的最大化原则是指导企业确定轻重缓急的准则。除非少数的几个实属第一流的资源，被满负荷地用于为数不多的几个突出的机会，就不能说企业的轻重缓急决策已被真正确定。尤其是那些真正重大的机会，即那些可以发挥潜能和那些可以创造未来的机会，必须得到挖掘该潜能所应得到的资源，即使以放弃眼前利益为代价，也在所不惜。

有关企业的策划，企业的优势所在及其轻重缓急方面的几个关键性的决策，它们既可在意识到其影响的情况下做出，也可作为某种紧急事件之后的亡羊补牢。它们既可出自最高管理层，也可出自基层的某个人，由于他的一个技术细节的处理，在事实上决定了企业的特性和方向。

但是，不管以何种方式，不管出于何处，这些决策总会在企业中做出。没有这些决策，就没有任何行动能真正发生。

虽然没有任何公式能为这些关键性的决策提供"正确"的答案，但是，倘若它们是随意之作，是在对它们的重要性茫然不清之下做出的，那么它们不可避免地将是错误的答案。要想获得正确答案，这些关键性的决策都必须是有计划、系统地做出的。对此，企业的最高管理层责无旁贷。

轻者当缓，重者当急。关键决策，由于和企业生死攸关，更是一刻也不能忽视。

管理实践

事实上，决策本身既是一件硬性工作，也是一件弹性工作，但不能固执行事，应该采取灵活的方法，控制好决策的过程，该先就先，该后就后。做点弹性处理也是企业管理者的智慧所在。

Simple

第七章

放开员工的手脚，束缚自己的权欲

MANAGEMENT IS MORE

通过授权提升领导力

> 它（授权）便人人都是企业家，这能使每个人都成为经营战略信息流当中的一员，使每个人都成为主人翁。
>
> ——南希·奥斯汀

授权是现代领导的分身术。尼克松在谈到他当美国总统的时候说，领袖有各种各样重要的选择，其中就有什么事该亲自处理，什么事可以让别人去办，以及选择什么人代表自己办事。

管人之所以给职位还要给权力，是因为这是领导工作的需要。现代化领导面临政治、科技、经济、社会协调等千头万绪的工作，即使你有天大的本事，光靠自己一个人是绝对不行的，必须依靠各级各部门的集体智慧和群体功能。这就要根据不同职务，授予下属以职权，使每个人都各司其职，各负其责，各行其权，各得其利，职责权利相结合。这就能使管理者摆脱烦琐事务，以更多的时间和精力解决全局性的问题。所以与职务相应的权力不是管理者的恩赐，不是你愿不愿给的问题，权力与职务是孪生兄弟，职权相应是做好工作的必需。

授权要注意以下四点。

一是授权者要注意激发受权者的责任感和积极性。授权的目的是要下属凭借一定的权力，发挥其作用，以实现既定的领导目标。但如果受权者有权不使，或消极使用权力，就不能达到这个目的。因此必须制定奖惩措施，对受权者进行激励，引入竞争机制。

二是要给受权者明确责任。要将权力与责任紧密联系起来，交代权限范围，防止受权者使用权力时过头或不足。如果不规定严格的职责就授予职权，往往成为管理失当的重要原因。

三是要充分信任受权者。与职务相应的权力应一次性授予，不能放半截留半截。古人云："任将不明，信将不专，制将不行，使将不能令其功者，君之过也。"管理者给职不给相应的权，实际是对所用之人的不尊重、不信任。这样，不仅使所用之人失去责任心，严重挫伤他们的积极性，一旦有人找他们，他们就会推托："这件事我决定不了，去找某领导，他说了才算。"

四是授权要注意量体裁衣。要根据受权者能力的大小，特别是潜在能力的大小来决定授职授权，恰到好处地让每个受权者挑上担子快步前进，不要有的喊轻松，有的喊累死。

管理者管人是否得当，就是看被管之人根据所授予的职权，在实际工作中能否恰到好处地行使权力，胜任职务来判断的。领导者务必慎重地、认真地对待用人。希望那些以"辛苦"为荣，以"忙碌"为绩的领导，少干一些"忙自己，包办、代替、抑制人才的傻事"，多一些大胆放权的开明之举，集中精力想好大事，抓好大事。

如何更有效地发挥下属的积极性、创造性，这在现代企业管理中，是一个令企业领导感兴趣的问题，并且不少企业进行了卓有成效的尝试。当今巴西最负盛名的企业集团——塞氏工业集团，创造出一种旨在最大限度地发挥员工积极性、创造性的全新管理模式。

塞氏企业是个生产多种机械设备的大型集团。几年前，理查德·塞姆勒从父亲手上接下塞氏，它还是个传统的企业。塞姆勒也深信拥有纪律的高压管理能创造效益，以统治数字为武器的强干经理也可以主导业务。但在一次生病后，塞姆勒产生了全新的想法。

塞姆勒采取的第一个步骤就是取消公司所有的规定。他认为规定只会使奉命行事的人轻松愉快，却妨碍弹性应变。在塞氏，每位新进入的员工都会收到一本20页的小册子，重点提醒大家用自己的常识判断解决问题。

现在塞氏企业的工人已经可以自定生产目标，不需劳驾管理人员督促，也不要加班费。主管们也享有相当大的自主权，自行决定经营策略，不必担心上级的干预。最特别的是，员工可以无条件地决定自己的薪水。因为塞氏主动提供全国薪水调查表，让员工比较在其他公司拥有相同技术和责任的人拿多少薪水，塞姆勒毫不担心有人会狮子大开口。

工人们也可以自由取阅所有的账册，公司与工会设计了专门课程，教全体员工如何看各种财务报表。

在做真正重大决定时，如要不要兼并某公司等，塞氏一律由全公司投票表决。公司没有秘书，没有特别助理，塞姆勒不希望公司有任何呆板的而又没有发展的职位。全公司上上下下，包括经理在内，人人都要接待访客、收传真、拨电话。塞氏曾做过试验：将一叠文件放进作业流程，结果要3天才送进隔壁办公室对方手里，这更坚定了塞姆勒要精简组织的决心。

塞姆勒不像别的老板那么勤于办公。早上他多半在家里工作，因为他认为那样比较容易集中精神。他也鼓励公司其他经理在家里工作。此外，他每年至少出外旅行两个月，每次旅行绝不留下任何联络的电话号码，也不打电话回公司，他希望塞氏的每个人都能独立工作。

继组织的变革后，塞氏也改变了部门之间的合作方式。如某个部门不想利用另一个部门的服务，可以自由向外界购买，这种外界竞争的压力使每个人都不敢掉以轻心。塞氏还鼓励员工自行创业，并以优惠的价格出租公司的机器设备给创业的员工，然后再向这些员工开设的公司采购。当然，这些创业的员工也可以把产品卖给别人，甚至卖给塞氏的竞争对手。塞姆勒说：这样做使公司反应更敏捷，也使员工真正掌握了自己的工作——伙计变成了企业家。

此外，工作轮调也成了塞氏制度化的一部分。每年他们有20%~25%的经理互相轮换。塞姆勒认为，人的天性都是闲不住的，在同一个地方呆久了，难免会觉得无聊，导致生产力下降，唯一的方法便是轮调。同时由于塞氏各项工作的速度及频率都太快了，造成员工相当大的压力，塞氏非常重视专业再生充电，也就是休假制。借此机会员工可以重新检讨个人的工作生涯与目标。

每周总会有其他企业的主管来到巴西的圣保罗市郊，参观塞氏这种全新的管理模式。有些参观者把塞氏管理比作东欧的社会主义。

但不管怎么讲，更令参观者惊讶的是，在经济不景气、经济政策混乱的大环境中，塞氏近12年来的增长率高达600%，生产力提高近7倍，利润上升5倍。巴西一家主要杂志对大学应届毕业生所做的调查中25%的男生和13%的女生都说塞氏是自己最想进的公司。

企业管理者要部下担当一定的职责，就要授予相应的权力。这样有利于管理者集中精力抓大事，更有利于增强员工的责任感，充分发挥其积极性和创造性。敢不敢放权，是衡量一个管理者用人艺术高低的重要标志。

管理实践

如果管理者对下属不放权，或放权之后又常常横加干预、指手画脚，必然造成管理混乱。一方面，下属因未获得必要的信任，便会失去积极性；另一方面，这也会使下属产生依赖心理，出了问题便找领导，管理者就会疲于奔命，误了大事。

接受的工作越重要，员工越有干劲

> 我的经营理论是要让每个人都能感觉到自己的贡献，这种贡献看得见，摸得着，还能数得清。
>
> ——杰克·韦奇

重要的工作能促使员工做出成就，为企业的发展做出重要贡献。它能激发员工的自信、勇敢和热情，继之以勤奋的工作，包括体力工作和脑力工作。一旦员工尝到了在重要的工作中获得成就的甘果之后，就能够调动自身的内在潜力和干劲，迸发出更强的进取欲望。

所以，管理者要让所有的员工，包括刚刚加入这一群体的新员工都明白，你希望他们能完成艰巨的工作任务，充分发挥他们的水平，你就能够轻而易举地把各项工作安排给合适的员工来完成。

人的精力虽然不是无穷的，但是有时也会发挥出超越自身极限的力量来。员工在困难中的紧张感，对自己的信心，对困难工作的坚决果断，坚持到底的热情，不怕困难必须成功的毅力，这一切融合在一起的时候，就会爆发出巨大的威力，做出原先想不到的成就。

如果员工觉得自己的工作不重要，会在很大程度上影响其积极性。曾听员工说："现在的工作分工愈来愈细，也愈来愈单调，若长期如此，越干越没兴趣。"也有的员工说："我们不知道这项工作的意义，做起事来也缺乏干劲。"可见，员工如果认为自己的工作不重要，或者对工作的重要性认识不足，就看不到工作的价值，也激发不起他们工作的热情，更无从激发其潜力。

工作的重要性有两重含义：一是在企业内被全体员工公认是一项重要工作；二是从整个社会来看是一项重要的工作。

在企业内部，将工作细分后，个人所承担工作的重要性也就削弱了。管理者要善于授权，并赋予工作以重要意义，从而增强员工的荣誉感和使命感。

一位饭店经理叫一位男服务生到一个房间关窗户，在这位男服务生可能埋怨不应该叫他去做只要女服务员就可做的事之前，经理已经以非常慎重的态度告诉他：

"那个房间里的窗帘价格非常昂贵，你现在必须赶快去把窗户关好，否则待会儿台风刮来，窗帘如果损坏，那将是我们相当严重的损失。"

这位男服务生听完之后便飞奔而去。

经理的高明之处在于，他让那位男服务生认为自己负担的责任不仅仅是关窗户而已，还需要他去保护价值昂贵的窗帘。

请各位务必铭记下面的规则——让对方知道他必须如此做的理由；让对方认识到他所担负的某项任务有多么重要。

有一家盲人工厂生产的螺帽，远销世界各地，通用性很强，飞机、轮船以及各种机械都可以装配，该厂的管理者将这一信息传给大家，大大提高了员工对自己劳动价值的认识，增强了他们的工作兴趣和积极性。

有了成就，会产生一定的满足感，为了获得更大的满足感，就会做出更大的成就，这是一种良性循环。

管理实践

授权不一定非要给员工一个实在的职位或某种权力。正如上文说的那样，地位不一定是实实在在的，同样，任务也不一定真的那么重要，你只需让员工觉得重要就可以了。

集权不如放权更有效

管理者要善于分派工作，就是把一项工作托付给另一个人去做，下放一些权力，让别人来做些决定，或是给别人一些机会来试试像你一样做事。

当然了，总有一些工作不那么让人乐意去做。这时候，也许你就该把这些任务分一分，并且承认它们或许有那么一点令人不快，但是，无论如何，工作总得完成。

在这种时候，千万别装得好像给了那些得到这些工作的人莫大的机会一样，一旦他们发现事实并非如此的时候，也许会更厌恶去做这件事。这样一来，想想看，工作还能干得好吗？为什么对某些领导来说把工作派给别人去做是件如此困难的事呢？下面就是可能的原因。

（1）如果你把一件可以干得很好的工作分派给别人做了，也许就达不到你可以达到的水平，或者不如你做的那么快，或者做得不如你精细。求全责备的思想作怪会以为把工作派给别人做，不会做得像自己做的那般好。

（2）如果让别人来做你的工作，也许你会担心他们做得比你好，而最终会取代你的工作。

（3）如果你放弃了你的职责，你将无事可干，因为你害怕在把工作派给别人做了之后就无事可干了。所以那些握些小权的人，哪怕是芝麻绿豆大的小事也不愿放手让别人去干。

（4）你没有时间去教别人如何接手工作。

（5）没有可以托付工作的合适人选。

如果你确确实实想要把工作分派下去，那么，在你花一点时间做一番努力之后，所有上述的这些困难都是可能克服的。你要对付的第一件事也许就是自己对此事所持的推诿态度。

如果你确实有理由担心，因你的员工在工作上出了差错之后，你就会失掉你的工作；或者在你工作的地方，工作氛围相当糟糕，你担心工作不会有什么起色，这时候，你就得和你的上司谈谈这些情况，从而在分派工作这件事情上得到他的支持。

如果确实还没有可以托付工作的人选，而你自己又已经满负荷运转，那么，也许你就该考虑一下是不是应再雇用一个人。

当然，放权也需有度。其中，"大权独揽，小权分散"是现代企业管理中实行的一项既授权，又防止权力失控的有效办法。

法国统盛·普连德公司是一个生产电子产品、家用电器、放射线和医疗方面电子仪器的大型电器工业企业。该公司属下各分公司遍布全球，为了对这个年销售额达数十亿美元的大企业进行有效的管理，公司实行了"大权独揽，小权分散"的管理制度。

总公司把投资和财务方面的两大关键权力掌握在自己手中。公司所属的分公司，每年年底都要编制投资预算报告，并呈报总公司审核，总公司对预算报告进行仔细的分析，如果发现有不当之处，就让各公司拿回去进行修改。当投资预算批准后，各公司都要照办。当然，这些预算也不是不可变更的，只要在预算总额内，各分公司的主管还可以对预算内的金额自行调整。通常，分公司经理可对每一个预算项目增、减10%，如果数目超过10%，则必须经过高一级主管的批准。

该公司建立了一项十分有效的管理控制员制度，对下属公司的生产，尤其是财务方面进行监督。这些管理控制员在执行任务时，都得到了总公

241

司董事会的全力支持，他们对各公司的间接制造费用、存货和应收款等特别注意，一旦发现有任务不正常的迹象，就立即报告总公司，由总公司派人进行处理。各分公司每个月的财务报表必须有管理控制员的签字，才能送交董事会。

该公司在投资和财务方面牢牢地掌握住大权，但在别的方面却实行了分权。该公司的领导人认为，大的企业，其领导人不可能事必躬亲，分权制度可以减少管理者的工作压力；即使是小企业，其领导人也不可能事无巨细，统统揽在自己一人身上，也必须给下属分权，让下属发挥其聪明才智，为企业出谋划策，促进企业的发展。

因此，该公司的每一家分公司都自成一个利润中心，都有自己的损益报表，各事业部的经理对其管辖的领域都享有充分的决策权，同时他们也尽量把权力授予下级，充分发挥分权制度的最佳效果。

统盛·普连德公司实行分权管理制度后，调动了各分公司的积极性，生产蒸蒸日上，利润年年增加，获得了相当大的成功。

"大权独揽，小权分散"是统盛·普连德公司实行分权管理制度的成功经验，也是现代企业管理中实行的一项有效办法。公司的要害部门要直属，公司的关键大权要掌握在自己手里；其余的权力能放则放，这样，上下级劳逸平均，各得其所，也各安其职，个人的积极性、创造性就调动起来了，同时又不会发生权力危机。

管理实践

一个高明的管理者，其高明之处就在于善于授权。授权不是交权，也不是大权旁落，而是在明确了下级必须承担的各项责任之后，所授予的相应的权力。从而使每一个层次的人员都能司其职，尽其责，使其智，成其事。

领导的任务不是替下属做事

一个企业的领导人，他的主要任务是做好决策，把握好做什么、哪里做、何时做、谁来做，想办法找正确的人做正确的事，激励下属去做，而不是代替下属去做。

管理者就像一个坐在帐篷里运筹谋划的元帅或将军，而下属则好比是上阵冲杀的士兵，管理者替下属做事好比统帅跑出军营跨上战马披起盔甲代替士兵去上阵冲杀。

在很多组织里面，常常有这种管理者：他们事必躬亲，大包大揽，属于"将军"的事他干了，属于"士兵"的事他也干了，吃苦受累，任劳任怨，但结果居然听不到下属的一句好话，而净是不绝于耳的指责与埋怨。

对这种管理者，可以用一句话概括：吃力不讨好！

吃力不讨好也就罢了，更严重的是，这种事必躬亲的管理者的所作所为，对组织却是有害无利。因为他的大包大揽，下属索性站在旁边什么也不干，助长了懒惰之风，使生产和工作效率大大降低；并且，一个人包打天下，顾此则失彼，一不小心就会使组织陷入漩涡，无法自拔！

这种类型的管理者十分可悲，因为他什么也没有得到，相反竭心尽力，日理万机，但万没想到却害了自己的组织！同时也十分可怜，因为谁

第七章　放开员工的手脚，束缚自己的权欲

243

也不会同情他的处境。

一个高效率的管理者应该把精力集中到少数最重要的工作中去，次要的工作甚至可以完全不做。人的精力有限，只有集中精力，才可能真正有所作为，才可能出有价值的成果，所以不应被次要问题分散精力。他必须尽量放权，以腾出时间去做真正应做的工作，即组织工作和设想未来。

什么叫管理者？管理者要通过别人来进行工作，即使管理者自己可以更好、更快地完成工作，但问题在于你不可能亲自去做每一件事情。如果你想使工作更富有成效，就必须向下属授权。

管理者最主要的任务是去展望未来——而这种事情往往是不能授权给别人的。他的任务不是去忙于监督那些日常工作，更不是亲自去做那些琐事。放权的重要性或许就在于，必须集中精力去思考那些只能由自己去做的事情。就像总统只考虑重大的宏观问题一样，管理者只思考企业的大问题和未来的方向，并提出必须优先考虑的事项，制定并坚持标准。

一名管理者，不可能控制一切。你可以协助寻找答案，但不能提供一切答案；你参与解决问题，但不要求以自己为中心；你运用权力，但不掌握一切；你负起责任，但并不以盯人方式来管理下属。你必须使下属觉得跟你一样有责任关注事情的进展。把管理当作责任而不是地位和特权才是管理者能够进行真正的、有效授权的基本保证。

那些事必躬亲的管理者往往会有这样的想法：他们应该主动深入到工作当中去，而不应该坐等问题的发生；或者他们应当向下属们表示出自己不是一个爱摆架子或者高高在上的领导。这些想法确实值得肯定，而且管理者的确应该适当干些有益赢得人心的杂活，但这毕竟是提升自身形象的一种手段，而不是让你什么事都亲历亲为，因为走向了这一极端不仅没有任何好处，还会让管理者付出很大的代价。

如果你有着事必躬亲的倾向，那么下面几点建议应该会对你有所帮助。

（1）学会置身事外。

实际上，有些事务并不需要你的参与。如下属们完全有能力找出有效的办法来完成任务，根本用不着管理者来指手画脚。也许你确实是出于好意，但是下属们可能不会领情。更有甚者，他们会觉得你对他们不信任，至少他们会觉得你的管理方法存在很大问题。当出现这种情况时，你应当学会如何置身事外。这里有一个小小的窍门：在你决定对某项事务做出行动之前，你可以先问自己两个问题："如果我再等等情况会怎么样？"以及"我是否掌握了采取行动所需要的全部情况？"如果你觉得插手这项事务的时机还不成熟或者目前还没有必要由自己来亲自做出决定，那么你应当选择沉默。在大多数情况下，事情也许根本不用你费心，你的下属们就会主动地弥补缺漏。通过这样缜密的考虑，你会发现也许有时你的行动是不必要的，甚至会使情况变得更糟。

（2）恰当地授权。

当组织发展到一定阶段，随着事务的日益增多，管理者已经无法亲自处理所有的问题，这就需要授权。从某种意义上说，授权是管理最核心的问题，也是简单管理的要义，因为管理的实质就是通过其他人去完成任务。授权意味着管理者可以从繁杂的事务中解脱出来，将精力集中在管理决策、经营发展等重大问题上来。通过授权，你可以把下属管理得更好，让下属独立去完成某些任务，也有助于他们成长。

（3）弄清楚究竟哪些事务你不必亲自去做。

既然明白了事必躬亲的弊端，那么下一步你必须明确授权的范围，也就是说究竟哪些事务你不必亲自去做。根据组织的实际情况，授权的范围肯定会有所不同。但这其中还是有一些规律性的东西。在授权时，下面几个因素值得考虑。

第一，责任或决策的重要性。一般说来，一项责任或者决策越重要，其利害得失对于团队或整个企业的影响越大，就越不可能被授权给下属。

第二，任务的复杂性。任务越复杂，管理者本人就越难以获得充分的信息并做出有效的决策。如果复杂的任务对专业知识的要求很高，那么与此项工作有关的决策应该授权给掌握必要技术知识的人来做。

第三，组织文化。如果组织里有这样的传统或者说背景，即管理层对下属十分信任，那么就可能会出现较高程度的授权。如果上级不相信下属的能力，则授权就会变得十分勉强。

第四，下属的能力或才干。这可以说是最重要的一个因素。授权要求下属具备一定的技术和能力。如果下属缺乏某项工作的必要能力，则管理者在授权时就要慎重。

克林将军告诉我们，作为一名伟大的将军，他的成功有很大一部分来自有效的分工带来的"简单管理"。"我对很多方面都放任不管。"这就给了他的下属很大的自由空间去决策。

管理实践

每一个管理者都应该深刻地领悟到此言的涵义：授权予下，不仅可以使你从繁忙的工作当中解脱出来，更可以增强下属的工作积极性。这种一箭双雕的事情，是每名管理者都应学会去做的。

放权方可释放权力的效力

> 管理不是独裁，一个公司的最高管理阶层必须有能力领导和管理员工。
>
> ——盛田昭夫

从表面形式上看，管理是上级对下级的一种权力运用，但是如果简单地这样理解，那就错了，因为现代管理不是权力专制的表现，而是权力调控的表现。

权力是一种管理力量，权力的运用则是有法度的，而不是公司管理者个人欲望的自我膨胀。因此一个高明的管理者，首先要明白这一点：自己的工作是管理，而不是专制；也就是说，管理者不是监工，因为监工即是专权的化身。把自己当作监工，往往大权独揽，把所有的员工都看成是为自己服务的。这样的管理者，永远成不了好领导，或者说，监工式的管理已经与现代公司"以人为本"的思想相去甚远。也许监工式的管理一时有用，但不可能时时有用。牢记这一点，"以人为本"的管理会对公司领导的用人方式带来益处，至少不会遭致员工的心理抗拒，容易使双方形成平等、融洽的人际关系，从而创造一种良好的工作氛围。

从另一方面讲，手中有了权力才有工作的能力，这是一条颠扑不破的真理。士兵有了开枪的权力，才能奋勇杀敌；推销员有了选择客户的权力，才能卖出货物。如果管理者把这些权力死死地握在手中，而不将其授于员工，那么这些权力的效力也就无法得到释放。

放些权力下去，才能收些人心上来，其实这是一个很简单的道理，也是一种等价交换。

对一个管理者而言，要彻底改变监工的身份，有时候并不是简单说说而已。这种观念的转变，要靠自己的实际工作来体现，要真正做到由专权到放权的角色转换。切忌误以为专权就是手握大权，放权就是失权，相反，放权能够有效释放权力的应有效力，赢得员工的诚信，使员工更加尊重你的权力，而使你的权力从本质上更有效应；专权只能迫使员工表面服从，却赢得不了人心。

通过分权和授权能够充分发挥员工的主观能动性，调动员工的积极性和创造性，提高工作效率。当然，管理者指派员工去做某项工作之后也不能不管不问，在适当的时候询问员工一些问题，可以防止他偏离目标。例如，问他是否需要协助、工作进度如何、是否遇到困难等。管理者应站在客观的立场上评价员工的工作，并鼓励他们大胆去做。

管理实践

现代公司主张"把监工赶出权力层"的说法，就是对专权与放权关系的精辟概括。每一位有志于公司管理革命的管理者，都应当深刻领会这一理念的意义。

有效授权必须经过充分准备

> 缺乏一位有远大眼光可统观全局的政治领袖，因之做得不是太过，就是不及。
>
> ——蒙森

有效授权是贯彻分层管理原则的需要，也是管理抓大事管全局的需要，同时也是调动下属积极性的需要，它能让员工感受到启动自己智慧的快乐，而不是限死在一个固定的圈子里重复做枯燥的事情。

但授权并不是一件简单的事，要想让授权达到理想的效果，必须经过充分的准备。凡事预则立，不预则废。即使你已经下定了授权的决心，也不要轻举妄动。兵法云："大军未动，粮草先行。"就是指在行动之前，要先做好准备工作。授权于下绝不是简单地把工作和权力交给员工，而必须要经过周密考虑、精心准备，以免出现差错。那么，具体该怎么准备呢？

总的来说，管理者在实施授权之前，至少应做好以下四方面的准备。

（1）培育授权气氛。

要让员工充分地意识到，组织在经历一次变革，这次变革将要带来的，不仅是一些细微的变化，而是组织的全面改变，如人际关系、决策方式、工作方式的深刻变化。所以，管理者需要在待授权的组织内创造一种适于授权的气氛。

管理者此时的角色是实施各项授权前奏活动，倡导组织内部的改变。

授权也许会遇到一些障碍，但作为管理者，必须积极地倡导授权，不能因受到组织现行机制的困扰而气馁。作为管理者，你的远见与魅力正是对于弱小而有生命力的事物抱着坚定而乐观的信念，并以热烈的情绪去感召下属，促成管理的变革。

（2）选取授权任务。

在正式开始授权之前，管理者要做的一个重要工作是对必须完成的任务按照责任的大小，进行分类排队，不同类的工作对应不同的授权要求，你得到的结果应当是一张"授权工作清单"。

①必须授权的工作。这类工作你本不该亲自去做，它们之所以至今留在你的手中，只是因为你久而久之习惯去做；或是你特别喜欢，不愿交给别人去做。这类工作授权的风险最低，即使出现某些失误，也不会影响大局。

②应该授权的工作。这类工作总体上是一些下属完全能够胜任的例行的日常公务，员工们对此有兴趣，觉得有意思或有挑战性，而你却一直由于疏忽或其他原因而没有交给他们去做。

③可以授权的工作。这类工作往往具有一定难度和挑战性，要求员工具有相当的知识和技能才能胜任，你由于不放心而长期躬亲为之。事实上，只要你在授权之外，特别注意为受权的下属提供完成工作所需的训练和指导，把这类工作交给下属，可以有机会让他们提高自己的才能。

④不能授权的工作。每个组织的工作之中，总有一些工作关系到组织的前途、命运、声誉，直接影响你的业务拓展，这类工作一旦失误将要付出沉重的代价；或者这类工作除非你本人，无法完成，这类工作是不可授权的，必经你亲手为之。

（3）任务标准化。

我们经常能听到授权受挫的管理者这样抱怨他的下属："当我把工作交给他们去做时，他们总是频繁地回来请示这该怎么做，那该怎么做。"

"我告诉他事情是这样的，他却似乎难以理解。

"他们的工作报告总是不能令我满意，我总是不能得到期望的结果。"

出现这样的结果是因为，这些管理者没有很好地理解，把一件工作留给自己做与交给下属做对这件工作本身的要求是不同的，你交给下属的任务必须是标准化了的任务，这种标准化的涵义包括以下几点。

①任务是明确表述的，有清晰的目标与方向。

②任务完成的程序具有相对稳定的模式，完全没有思路的任务不适于授权。

③完成任务所需条件是相对明确的，任务完成者知道如何寻求配合和帮助。

④任务的完成有相对明确的评估标准，以确定任务完成的质量。

管理者将工作任务标准化，其意义远不止在于授权的需要，它对于公司的科学的管理提升具有非凡的意义，是公司走向正规化、走向成熟、走向制度管理而非管理者主观化管理的必经之途。

（4）准备承担责任。

你已经下定决心实施授权，大量细碎的前期铺垫也已经完成，你即将跨越授权之门，但是，有一个问题你必须真正意识到，这就是：责任。

在实施授权之后，管理者的工作量减少了，但肩上的担子却不会因此而减轻，相反它只会加重。在实行授权之后，管理者不仅对尚未授权移出的职权负有全部责任，而且对于已经授权移出的职权也负有一定的责任。

管理实践

作为管理者，你应懂得对下属授权和仍要对下属的最终行为承担责任是两回事。就如饭店经理必须依赖厨师搞好饮食供应，但经理仍要对饭店的饮食供应承担最终责任一样。如果接受职权的下属在工作中出现失误，这个失误必须同时记在管理者的账上，尤其是当涉及本公司、本部门之外的公司或部门时。这一点，对于管理者来说是十分重要的，而也只有做好了承担最终责任的准备，授权的大幕才能真正拉开。

信任是授权的精髓和支柱

> 授权并信任才是有效的授权之道。
>
> ——柯维

　　信任产生的心态就是认可，管理者只有认可下属的才能并信任他，才可能给他权力。从授权的角度上来说，信任是授权的精髓和支柱，只有充分信任，才能有效授权。

　　一般的管理者不放心把权力委托给员工，这是出于"别人谁也不会像我自己做得那么好"的思想，或者是惧怕员工滥用权力，实质就是不信任自己的员工。

　　某杂志曾经以"你最不喜欢什么样的老板"为题向50位白领征询看法，结果收集上来一箩筐意见，历数老板的种种致命缺点。其中，骄傲自大、刚愎自用、不懂得充分授权和信任员工被提到的次数最多，超过了对老板个人能力、公司管理各个方面，甚至员工个人利益。是的，没有信任，又何谈授权？一些管理者表面上是把权授出去了，可是仍事事监控，或者关键的地方不肯放手，这都是不信任的表现，如此的授权又有什么实质的意义呢？

　　要知道，不被信任，会让员工感到不自信，不自信就会使他们感觉自己不会成功，进而感到自己被轻视或抛弃，从而产生愤怒、厌烦等不良的抵触情绪，甚至把自己的本职工作也"晾在一旁"。相反，在信任中授权对员工来说，是一件非常快乐而富有吸引力的事，它极大地满足了员工内心的成功欲望，因受到信任而自信无比，灵感迸发，工作积极性骤增。

本田第二任社长河岛决定进入美国办厂时，企业内预先设立了筹备委员会，聚集了来自人事、生产、资本三个专门委员会中最有才干的人员。做出决策的是河岛，而制订具体方案的是员工，河岛不参加，他认为员工会做得比自己更好。比如，位于俄亥俄州的厂房基地，河岛一次也没有去看过，这足以证明他充分授权给员工。当有人问河岛为何不赴美实地考察时，他说："我对美国不很熟悉。既然熟悉它的人觉得这块地最好，难道不该相信他的眼光吗？我又不是房地产商，也不是账房先生。"

本田的第三任社长久米在"城市"车开发中也充分显现了对员工的授权原则。"城市"开发小组的成员大多是20多岁的年轻人，有些董事担心地说："都交给这帮年轻人，没问题吧？""会不会弄出稀奇古怪的车来呢？"但久米对此根本不予理会，他大胆放手让这些年轻人去干。就这样，这些年轻技术员开发出的新车"城市"，车型高挑，打破了汽车必须呈流线型的"常规"。那些固步自封的董事又说："这车型太丑了，这样的汽车能卖得出去吗？"但久米坚信：如今的年轻人就是想要这样的车。果然，"城市"一上市，很快就在年轻人中风靡一时。

经营之神松下幸之助说："用他，就要信任他；不信任他，就不要用他。"所以，当企业管理者给下级授权时应当充分信任下级员工能担当此任。

郑先生在一家中型计算机公司就职，一天，下班时他将自己拟好的销售计划塞在了经理办公室的门把手上，不久，他便被邀去说明情况。在他进门后，经理开门见山地说："计划写得不错，就是字体太潦草了。"这位员工紧张的心情放松了下来，随即问道："这项计划是不是预算开支较大啊？要不我再与两个同事一起来修改修改，然后再向您汇报一下。"经理不等他说完便打断了他："费用问题对于我们公司来说是不大的，我看计划确实不错，你要有信心干好，那就去干吧，别让时机错过了！"

郑先生先是吃了一惊，然后信心十足地拿起计划书离开了。大约两个月以后，他的销售计划取得了很大的成功，经理专门在会议上表扬了他，公司也给了他一定的奖励。

由此可见，信任基础上的授权可以激发最强烈的动机，使人全力以赴。

当然，有些管理者之所以不信任员工，除了怕他们的能力不够之外，还怕他们在操作过程中出现失误，造成损失。但是如果没有失误又哪里会有进步呢？再说，人非圣贤，孰能无过？既然你决定授权给他，就要充分信任他，允许他犯错误。

一手缔造了宏基集团的施振荣，2004年退休了，不过作为第一代创业者，他的接班人并不是自己那两位聪明能干的儿子，而是跟随自己多年的老部下王振堂，宏基总经理还是一个意大利人。

施振荣的管理心得中很重要的一点就是信任员工、充分授权。他常说："企业要想做到代代相传，必定要建立在授权的基础上。再强势的领导人，总有照顾不到的角落，也会有离开的一天。但是在一个授权的企业，各主管已经充分了解公司文化，能够随时随地自主诠释企业文化，这样的企业才有生命力。"

对于公司员工，他的原则是给予信任、充分授权，即使他们工作做得慢、与自己方式不同，也绝不插手。他说："要忍受过错，把它看作成长必须要付出的代价。只要他犯的是无心之过，只要最终他赚的钱多于学费，你就没有理由吝于为他缴学费。你一插手，他失去机会和舞台，怎么能成长呢？"在这一氛围中，宏基涌现了不少独当一面的人才，形成强大的后备队伍。

管理实践

只有充分信任员工，才能进行有效授权。正如著名管理专家柯维曾精辟地说：授权并信任才是有效的授权之道。在实际工作中，一方面，员工希望获得上司的信任，被授予更多权力；另一方面，获得授权的员工，在被完全信任的情况下，才能拥有自主决策的权力，并能有效行使被授予的职权。反之，缺乏信任的授权，导致员工失去积极性，缺乏主动性。当然，值得信任是信任的前提。找到那些值得你信任的员工，然后放手让他们干吧！

授权需把握时机注意细节

> 授权就像放风筝，下属能力弱时线就要收一收，能力强了就要放一放。
>
> ——林正大

古语有"不到火候不揭锅"之言，现代又有"细节决定成败"之励，授权同样需要这两点。

一位决心授权的管理者，在解决了以上这些授权的观念性问题之后，就要进入授权实战了。也许此时在你的脑海中已经形成一个授权的操作方案，现在要做的，是选择一个适当的时机，这个时机的选择对于授权的效果会有显著的影响。

这种时机既可能是一些特殊的事件发生时，也可能是一些司空见惯的现象再次出现时。把握这种时机，恰当地授予权力，能让下属切实感到授权之必要，或避免授权进入过程的生硬。

善于授权的管理者常在下列情形出现时授权：

①管理者需要进行计划和研究而总觉时间不够；

②管理者办公时间几乎全部在处理例行公事；

③管理者正在工作，频繁被员工的请示所打扰；

④员工因工作闲散而绩效低下；

⑤员工因不敢决策，而使自己的部门或企业错过赚钱或提高公众形象

255

的良机；

　　⑥管理者因独揽大权而引起上下级关系不和睦；

　　⑦单位发生紧急情况而管理者不能分身处理时；

　　⑧由于部门的业务扩展，需要成立新的管理层。

　　授权的时机成熟后，就是你运用授权手段的时候，这时你应该注意到的便是授权的细节问题了。

　　在授权的过程中，存在许多细节，如果能对这些细节给予充分的注意，授权就会取得良好的效果。我们把这些细节归纳为以下七个要点。

　　（1）管理者心态的自我调适。

　　许多管理者不敢把权力授予员工，这主要源于他内心对个人权威和职位缺乏安全感，源于其对授权缺乏领悟。决心实施授权的管理者首先必须进行心态的自我调适，勇敢地面对自己内心潜在的对授权的恐惧，建立起自信心。

　　（2）自上而下协调一致的授权。

　　管理者应使自己控制的范围内，自上而下对授权有深刻理解，由你自己开始做起，一直推行到最基层。每一阶层的人员都应了解：为了企业、部门和全体员工的共同成长，你必须容许员工做决定。如有错误，亦应妥善处理。为了授权能够获得成功，你必须做好付出犯错误的代价的准备，并以此作为全体员工追求进步的成本支付。管理学家统计，假如允许新进的管理人员在低层次的管理工作中犯错误，则他们往往会在错误中学习，反而可以避免以后犯更大的错误；在数量上，后者的收益远大于前者的支出，对企业和员工来说，这是"双赢"的行为。

　　（3）训导受权者。

　　授权不是一种单向的管理手段，而是管理者与员工之间的互助合作。授权行动只有同时得到受权者的认同，才能真正顺利推行，获得成功。事实上，授权正是训练员工的一个好方法，应该引导受权者认识到，接受授权是个人追求进步的一个过程；让他们了解到，这新得的权力和附带的责任，会使他们日后成为好的主管。受权不仅意味着接受了一份任务，更意味着得到了一个舞台，在这个舞台上，他的全部才华将得到充分展现，他得到了一个脱颖而出、受人瞩目的机会。

（4）让受权者明白要达到的效果。

授权的管理者应该在员工前方树立一个具有诱惑力而又清晰可见的目标，让受权者明白上司期望的结果是怎样的。管理者应要求受权员工把行动计划写出来，让他们认清自己该如何达到预期效果，并需要哪些协助。通过这种形式，管理者可以确切地了解受权员工对期望绩效的认知程度。

（5）管理者应了解员工的能力。

优秀的管理者不是依据员工的技术和现在表现出的能力来分派职务，而是以他们的工作动机和潜在能力来决定。许多管理者无法充分利用员工的潜能完成任务，这是很失败的管理，更是人才的浪费。管理者应时刻记住：员工是你最宝贵的财富，你没有理由不深入地了解你的员工。

（6）事先确立绩效评估的标准。

管理者在授权的同时必须把绩效评估的标准定立出来并公之于众，这有利于协助员工和管理者双方适时地衡量工作的成果。在"以人为导向"的企业里，考核标准不是由管理者单方面制定的，而是由参与其事的所有工作成员共同协助制定出来的。

（7）管理者给予适时的帮助。

授权的管理者对受权的员工负有的责任包括两个部分，其一是监督员工达到预期目标；其二便是在员工需要帮助的时候，及时提供协助。管理者在对企业政策的理解、信息的拥有量上占据优势。有效的授权会向受权者提供咨询、讨论及实时的各种协助，当然，你不应去干涉员工的具体行动方式。

管理实践

英明的管理者做事无不恰到好处地把握住时机与细微之处。授权时机的选择和细节的关注，将会使授权者和受权者实现"双赢"的结果。

选好对象是成功授权的关键

> 你不能衡量它，就不能管理它。
>
> ——彼得·杜拉克

授权的时候，最让管理者发愁的当是授权给谁的问题了。授权者当然都想授给一匹"千里马"，而不想授给一匹"病马"。

那么管理者应该把权力交到什么人手里呢？

（1）上司不在时能负起留守职责的人。

有些下属在上司不在的时候，总是精神松懈，忘了应尽的责任。如下班时间一到就赶着回家或是办公时间内借故外出，长时间不回。

上司不在，下属就该负起留守的责任；当上司回来时，向他报告他不在时发生的事以及处理的经过。如果有代上司行使职权的事，就应该将它记录下来，事后提出详尽的报告。这样的下属是可以授权给他的。

（2）准备随时回答上司提问的人。

当上司问及工作的方式、进行状况、今后的预测或有关的数字时，他必须当场回答。

好多下属被问到这些问题的时候，还得向其他员工探问才能回答。这样的下属不但无法管理他的下级与工作，也难以成为管理者的辅佐人。可以被授权的下属必须已掌握职责范围内的全盘工作，在领导提到有关问题的时候，都能立刻回答才行。

（3）致力于消除上司误解的人。

管理者并非圣贤，也会犯错误或是发生误解。事关工作方针或是工作方法，管理者有时也会判断错误。

管理者的误解往往波及下属晋升、加薪等问题。碰到这个情况，有能力的下属不会以一句"没办法"就放弃了事，他会竭力消除上司的这种误解。

（4）代表他负责的团队。

对下属而言，他是所在团队的代表人，是夹在上司与员工之间的角色。从这个立场而言，下属必须做到：把上级的方针与命令彻底灌输给员工，尽其全力实现上级的方针与命令。随时关心员工的愿望，洞悉员工的不满，以员工利益代表人的身份，将他们的愿望和不满正确反映给上级，为实现员工的合理利益而努力。

夹在上级与员工之间，往往使下属觉得左右为难。但是，他务必冷静判断双方的立场，设法调和。

（5）向上司提出问题的人。

高层管理者由于事务繁忙，平时很难直接掌握各种细节问题。因此，下属必须向上司提出所辖部门目前的问题，同时一并提出对策，供上司参考。

（6）忠实执行上司命令的人。

一般说来，管理者下达的命令无论如何也要全力以赴，忠实执行。这是下属必须严守的一大原则。如果下属的意见与上司的意见相左，当然可以先陈述他的意见。陈述之后领导仍然不接受，就要服从上司的意见。

有些下属在自己的意见不被采纳时，抱着自暴自弃的态度去做事，这样的人没有资格成为上司的辅佐人。

（7）适时请求上级指示的人。

下属不可以坐等上司的命令。他必须自觉做到请上司向自己发出命令，请上司对自己的工作做出指示。适时积极求教，才算是聪明能干的下属。

（8）知道自己权限的人。

绝不能混淆职责界限。如果发生某种问题，而且又是自己权限之外的事，就不能拖拖拉拉，应该立刻向上司请示。越过顶头上司与更高一级领导交涉、协调，等于把上司架空，也破坏了命令系统，应该列为禁忌。非得越级与上级联络、协调的时候，原则上也要先跟顶头上司打个招呼，获得认可。能做到这一点的人，才可以授权给他。

（9）向上司报告自己解决问题的人。

接受权力的下属，自己处理好的问题如果不向上司报告，往往使上司不了解实情，做出错误的判断或是在会议上出洋相。

当然，不少事情无须一一向上司报告。但是，原则上可称之为"问题""事件"的事情，还是要向上司提出报告。

报告的时机因其重要程度的不同而有所区别。重要的事，必须即刻提出报告，至于次要的或属日常性事务，可以在一天的工作告终之时，提出扼要的报告。

（10）勇于承担责任的人。

有些下属在自己负责的工作发生错失或延误的时候，总是找出许多的理由。这种将责任推卸得一干二净的人，实在不能授权给他。

下属负责的工作，可说是由上司赋予全责，不管原因何在，下属必须为错失负起全责。他顶多只能对上司说一声："是我领导不力，督促不够。"如果上司问起错失的原因，必须据实说明，而不是找一大堆借口辩解。有些下属在上司指出缺点的时候，总是把责任推到他的下级身上。把责任推给下级，并不能免除他的责任。一个受权的下属必须有"功归下属，失败由我负全责"的胸怀与度量才行。

（11）提供情报给上司的人。

下属与外界人士、其他员工等接触的过程中会接触各种各样的情报。这些情报有些是对公司不利的，下属必须把这些情报谨记在心，并把它提供给管理者。

向领导做某种说明或报告的时候，有些下属习惯于把它说得有利。如此一来，极易让领导出现判断偏差。尤其是涉及到其他部门，或是必须由领导做出某种决定的事，诚实可靠的下属在说明报告时必然遵守如下的原则：不偏于一方；从大局出发，扼要陈述。

（12）不是事事请示的人。

遇到稍有例外的事、员工稍有错失或者旁人看来极琐碎的事，也都一一搬到上司面前去请示，这样的下属令人不禁要问：授权给他到底和不授权有什么区别？

能干的下属对领导没有过多的依赖。事事请求不但增加了领导的负担，下属本身也很难成长。如果他拥有执行工作所需的权限，就必须在不逾越权限的情况下，凭自己的判断把分内的事处理得干净利落。这样的人才值得管理者把权力交给他。

管理实践

管理者要警惕的一点是，不要让那些削尖脑袋、投机钻营的人骗取权力，以达到其不可告人的目的。如果想要授权"高效多产"，其成员必须要经过精挑细选。

"地位"可有效调动员工热情

> 现代管理，就是以人为中心的管理；一切管理的好坏，都是人所创造、影响与决定的。
>
> ——毛仲强

无论何时何地，人们都希望有自己的地位。让那些优秀的员工担当重一些的责任，哪怕只是个小主管，他也会觉得已确立了自己的地位，干劲就会十足。

有许多基层的员工，虽然他们很优秀，但却很少考虑工作的整体性，想休息时就不去上班；而一旦职位提升，反而会认为"工作第一"。许多基层员工总是对上司抱有敌对心理；而一旦赋予他某种责任，他反而会改变态度，热心督促下属工作。

当然，有时并没有那么多的职位可供安排，故只有退而求其次，可让他当个指导者，指导后进人员，或者干脆建立责任制度。如向来不管家中财务的人，一旦叫他管理财产，他反而会收敛贪玩个性，一改常态，专心负起重任来。人无论是在家中还是组织内，只要在团体中确立了地位，就会觉得责任感加重，有奋发向上的意念。

你也可对年资满一年以上的员工说："你们现在已是企业的中坚分子，工作纯熟，因此我需要你们来指导新员工。要知道，这是一项很重的工作，希望你们好好地干。"这些人一旦担任指导者，清楚了自己的地位，工作起来就格外有热情。

由此看来，让员工确立位置并非一定要赋予某种实实在在的地位。只要在感觉上，让他感到有人依赖他、信任他，使他感觉自己俨然是位经验老到的人，就可以使其自认已确立地位了。也就是说，只要让他专门负责某件事，使其独当一面，就会达到这种效果。

地位不仅仅是一份更得体的薪水和一张更宽阔的办公桌，为了地位，很多人也不会在乎为了工作而长期加班。地位表明的是一种认可，一种身份。身份变迁，直接关系一个人的荣辱兴衰，决定着其积极性的涨落。当一个职业经理人被邀请参加只有经理人才能参加的俱乐部时，他体会到比获得薪水还要开心的感觉；当一个管理者成功地率领团队取得了公司销售竞赛的第一名时，他的奖金不一定比某些金牌销售员高，但他却表现出无限的沉醉。

正如我们刚刚提到的，地位当然不仅仅是职位，地位应该是一种认可，是一种荣誉和一种尊敬，他带来的是满足与责任。

事实证明，象征地位的头衔即使没有实在的权力，也能刺激人，能鼓励人们更加努力地工作，也能赢得人们的忠心和热诚。

30个不同行业的工会的倡导者、美国劳工协会的缔造者塞缪尔·冈珀斯，他在刚刚开始开展工作时，感觉十分艰难。工人们大部分都是毫无组织的，而当时他既没有钱，又得不到足够的外界帮助。

有一天，他灵机一动想出了一个计划。他自己创造设立了一个"民间委任状"，授予那些愿意组织工会的人。在一年中，以这种方式被委任的人就有80人之多。美国劳工协会会员的数目从此开始激增。

没有几个领袖能比拿破仑更清楚"地位"的价值了，也没有人比他更能明了人类对于这种极具诱惑力的东西的渴望是多么的迫切。为了使那些拥护他的人都能牢固地团结在他新创的帝位之下，拿破仑对赏赐毫不吝惜，创立并封赐了许多崇高的头衔和荣誉。他创制了一种勋章，并且立刻将1500个以上的十字勋章授予他的臣民；他重新启用了法兰西陆军上将的官衔，将这一高位封赠给了18位将官；他同时给优异的士兵授予"大军"的光荣头衔。很多头衔尽管是虚的，但它们仍然具有非常特殊的功效。

管理实践

给个头衔，给个位置，对人的影响是非常大的。这个小小的"授权"技巧，能给管理者的工作带来很大的动力，其作用是不可小视的。

合理监控与大胆授权同等重要

> 信任固然好，监控更重要。
>
> ——列宁

授权就像放风筝，既要放，又要有线牵。光牵不放，飞不起来；光放不牵，风筝或飞不起来，或飞上天失控，并最终会栽到地上。只有倚风顺势边放边牵，放牵得当，才能放得高、放得持久。风筝线的韧性足够好，才可能随时将风筝收回，否则，不是放出去了收不回来，就是收回来后又不敢再放出去，则放风筝的乐趣全无。所以，管理者在下放权力的过程中一定要有一条可靠的"风筝线"，这条"线"就是足够的控制力，不要超出了自己力所能及的控制范围，要使授权与合理监控结合起来。

如何做到既充分授权又不失控呢？下面几点颇为重要。

（1）牢牢把握不可下放的权力。

有些权力是管理者必须牢牢把握的，切不可下放，否则，只会让自己处于不利地位。如以下几种权力。

人事任免权。特别是对直接下属和关键岗位的人事任免权，管理者必须保留。而且通常来说，人事方面（评估、晋升或者开除）的决定是很敏感的，而且往往难以做决定。

关系协调权。管理者必须保留对直接下属之间相互关系的协调权。协调下属之间的关系是非常重要的，也是其他下属所不能替代的。

机密的事务。分析你公司里工作的分类和薪级范围看上去很花时间，这似乎是首先可授权的工作。但由于牵涉到很多的利益，所以应该是管理者自己去做，不适合授权。

培养直接下属。作为一名管理者，培养你的直接下属不仅有利于你的工作的展开，而且也是你的职责。

你的下属应该在他们的成长和发展过程中得到你的帮助，他们依赖你的经验、你的判断来辨别对他们成长有帮助的工作。这不是你该授权的工作，虽然你可以从他人那里得到一些帮助，但这是你的职责。

危机问题。危机总会不可避免地发生，假如发生危机，管理者应亲自坐镇，制订应对方案，很多事都应该亲力亲为，这不是你该授权的时刻。当处于危机的时候，要保证自己在现场起一个领头的作用。这样，有利于稳定人心，避免事态进一步恶化，为解决问题赢得宝贵的时间。

（2）评价授权风险。

每次授权前，管理者都应评价它的风险。如果可能产生的弊害大大超过可能带来的收益，那就不予授权。如果可能产生的问题是由于管理者本身原因所致，则应主动校正自己的行为。当然，管理者不应一味追求平稳保险，一般来说，任何一项授权的潜在收益都和潜在风险并存，且成正比例，风险越大，收益也越大。

（3）命令追踪。

有些管理者在授权之后，常常忘记自己发出的指令，而对于已发出的命令进行追踪是确保命令顺利执行的最有效方法之一。

命令追踪的方式有两种：第一种，管理者在发布授权指令后的一定时期，亲自观察命令执行的状况；第二种，管理者在发布授权指令的同时与下属商定，命令下达后，下属应当定期呈报命令执行状况的说明。

在进行命令追踪时，管理者必须明确追踪的目的在于：

——控制命令是否按原定的计划执行；

——考虑有无足以妨碍命令贯彻的意外情况出现；

——考核下属执行命令的效率；

——反思、检讨本人下达命令的技巧，以便下次改进命令下达的方式。

基于这样的目的，高明的管理者在命令追踪中，会把目光集中于：

——下属完成任务的质与量；

——工作进度和工作态度；

——下属是否有发挥创造性的余地；

——命令是否是合适的，有无必要对命令本身做出修正，或下达新命令取而代之；

——下属是否确切地了解命令的含义，并按命令的精神完成任务。

（4）监督进度。

授权使管理者的控制发生了微妙的变化，因为授权，管理者对工作及局面的控制实际上是退后了，这反而使控制在授权中的地位得以凸显；而且必须使自己的控制技巧更加高明，才不至于使工作陷入失控状态；同时，因为授权，管理者得以从具体繁琐的事务性工作中腾出时间来，其中的一部分将被用来命令追踪和监督委派出去的工作，这几乎成为管理者对这些工作负责的唯一有效的形式。

一个优秀的管理者会根据授权，对自己的控制技术做细致的挑选和改造，以适应授权这种特殊的管理形式。

授权中的控制技术包含：

①监督工作进展，尽量避免干涉下属的具体工作；

②以适当的方式提出意见或提醒；

③确认绩效，兑现奖惩。对于出色的工作要给予充分的鼓励，对于不足的工作提出意见。精神推动如果结合物质奖惩，效果会更好。

（5）尽量减少反向授权。

下属将自己应该完成的工作交给管理者去做，叫做反向授权，或者叫倒授权。发生反向授权的原因一般是：下属不愿冒风险，怕挨批评，缺乏信心，或者由于管理者本身"来者不拒"。除去特殊情况，管理者不能允许反向授权。解决反向授权的最好办法是在同下属谈工作时，让其把困难想得多一些、细一些，必要时，管理者可以帮助下属提出解决问题的方案。

（6）审查并改进授权的技巧。

尽管有些企业的管理者也实行了授权，但是，由于他们没有正确掌握授权方法，没有按照授权的基本程序去授权（或是未能选准授权对象；或是授意不明；或是忽视必要的追踪检查等），因此，效果并不见佳。可见，实行有效的授权，掌握正确的方法也是十分必要的。不掌握正确的方法，而要想取得好的效果，是绝对不可能的。因此，管理者需要不断学习授权技巧，并在授权的过程中注意审查和改进自己的授权技巧，不断提高自己的授权能力。

权力是一把"双刃剑"，用得好，则披荆斩棘无往不利；用得不好，则伤人害己还误事。成功的管理者不仅应是授权高手，更应是控权的高手。无数事实证明，管理者超脱一切，任何事都不闻不问就能轻松自如地驾驭员工、把工作做好是不可能的。正确的做法是：在保证合理监控和牵制的前提下，将不必由自己掌握的权力交给下属，这样才算真正领悟了授权的实质。

管理实践

授权必须把握可控原则。不具可控性的授权，就不是真正意义上的授权，而是管理者弃权。

权力与责任必须平衡对等

授权员工去完成一项任务的时候，你要把权力和责任一并交给他。
——詹姆斯·史蒂克

下属履行其职责必须要有相应的权力，但同时，授予下属一定的权力时必须使其负担相应的责任，有责无权不能有效地开展工作；反之，有权无责会导致不负责地滥用权力。责大于权，不利于激发下属的工作热情，即使处理职责范围内的问题，也需要层层请示，势必影响工作效率；权大于责，又可能会使下属不恰当地滥用权力，最终会增加领导干部管理和控制的难度。所以，管理者在授权时，一定要向被授权者明确交代所授权事项的责任范围、完成标准和权力范围，让他们清楚地知道自己有什么样的权力，有多大的权力，同时要承担什么样的责任。

总的来说，要实现权力与责任平衡对等，使授权和"授责"达到最佳效果，应灵活掌握以下基本原则。

（1）明确。

授权时，必须向被授权者明确所授事项的责任、目标及权力范围，让他们知道自己对什么人和事有管辖权和利用权，对什么样的结果负责及责任大小，使之在规定的范围内有最大限度的自主权。否则，被授权者在工作中摸不着边际，无所适从，势必贻误工作。

（2）适度。

评价授权效果的一个重要因素是授权的程度。授权过少往往造成管理者的工作太多，员工的积极性受到挫伤；过多又会造成工作杂乱无章，甚至失去控制。授权要做到下授的权力刚好够他完成任务，不可无原则地放权。

（3）责权相符。

权与责务必相统一，相对应。这不仅指有权力也有责任，而且指权力和责任应该对等。如果员工的职责大于他的权力，员工就要为自己一些力所不及的事情承担责任，自然会引起员工的不满；如果员工的职责小于他的权力，他就有条件用自己的权力去做职责以外的事情，从而引起管理上的混乱。

（4）要有分级控制。

为了防止员工在工作中出现问题，对不同能力的员工要有不同的授权控制。能力较强的员工控制得可以少一些，能力较弱的员工控制力度可以大一些。并非想如何控制就能如何控制，为了保证员工能够正常工作，在进行授权时，就要明确控制点和控制方式，管理者只能采用事先确定的控制方式对控制点进行核查。当然，如果管理者发现员工的工作有明显的偏差，可以随时进行纠正，但这种例外的控制不应过于频繁。

（5）不可越级授权。

越级授权是上层管理者把本来属于中间管理层的权力直接授予下级。这样做会造成中间管理层工作上的被动，扼杀他们的负责精神。所以，无论哪个层次的管理者，均不可将不属于自己权力范围内的事情授予下属，否则将导致机构混乱和争权夺利的严重后果。

（6）可控原则。

授权不等于放任不管，授权以后的管理者仍必须保留适当的对下属的检查、监督、指导与控制的权力，以保证他们正确地行使职权，确保预期成果的圆满实现。权力既可授出去，也可以收回来。所有的授权都可以由

269

授权者收回，职权的原始所有者不会因为把职权授予出去而因此永久地丧失了自己的权力。

管理实践

　　管理者在授权时一定要注意权力与责任必须平衡对等，把权力和责任"捆绑"下放，做到权责相应。